ZÜGIG DURCH RUSSLAND

3. Klasse Transsib,
3 Wochen
und immer wieder Lenin

Jan Merwit

REISE Splitter

Impressum

Reisesplitter
Zügig durch Russland –
3. Klasse Transsib, 3 Wochen und immer wieder Lenin

von Jan Merwitz

erschienen im
Reise Know-How Verlag Peter Rump GmbH
Osnabrücker Str. 79, 33649 Bielefeld

1. Auflage 2021

Gestaltung: der Verlag
Lektorat: der Verlag

Fotos:
Jan Merwitz,
AdobeStock:
Umschlag vorne, Bahnhofsgebäude © saiko3p,
Umschlag vorne, Leninstatue © dimbar76,
Seiten 59, 131 und 241 © saiko3p,
Seite 149 © Anthrax Urbex, Seite 222 © vesta48

Druck und Bindung:
mediaprint solutions GmbH, Paderborn

Printed in Germany

ISBN 978-3-8317-3498-6

ISBN pdf 978-3-8317-5237-9
ISBN epub 978-3-8317-5238-6

Bibliografische Information der Deutschen Nationalbibliothek
Die Deutsche Nationalbibliothek verzeichnet diese Publikation
in der Deutschen Nationalbibliografie; detaillierte bibliografische Daten sind
im Internet über http://dnb.dnb.de abrufbar.

Reise Know-How Bücher finden Sie in allen gut sortierten Buchhandlungen.
Falls nicht, kann Ihre Buchhandlung unsere Bücher hier bestellen:
D: Prolit, prolit.de und alle Barsortimente
CH: AVA Verlagsauslieferung AG, ava.ch
A: Freytag-Berndt und Artaria KG, freytagberndt.com
B, LUX, NL: Willems Adventure, willemsadventure.nl
oder direkt über den Verlag:

www.reise-know-how.de

ЛЕНИН
УКАЗ

Вокзал Белогорск
Belogorsk station

учиться
и
жить
по-коммунистически!

INHALT ОГЛАВЛЕ́НИЕ

Moskau Москва́ — **Jekaterinburg** Екатеринбу́рг — **Nowosibirsk** Новосибирск

	Prolog	**6**
Tag 1	**Moskau** Willkommen in Russland	12
Tag 2	**Moskau** Autokauf	22
Tag 3	**Moskau** 10 Stunden Sightseeing	31
Tag 4	**Transsib** Platzkartnij für alle	45
Tag 5	**Transsib** Die erste Nacht	55
Tag 6	**Jekaterinburg** Auf dem Strich	65
Tag 7	**Jekaterinburg** Zwischen Asien & Europa	75
Tag 8	**Jekaterinburg** Russische Geschichte	84
Tag 9	**Transsib** Auf nach Sibirien	96
Tag 10	**Nowosibirsk** Das Chicago Sibiriens	106
Tag 11	**Nowosibirsk** Trolleybus	118
Tag 12	**Nowosibirsk** Badetag im Ob	127

Irkutsk
Иркýтск

Wladiwostok
Владивостóк

Tag 13	**Transsib** Weiter, weiter nach Sibirien	136
Tag 14	**Irkutsk** In der Verbannung	143
Tag 15	**Irkutsk** Eine Stadt zum Wohlfühlen	154
Tag 16	**Irkutsk** Wanderung am Baikalsee	167
Tag 17	**Transsib** Der ferne Osten ruft	181
Tag 18	**Transsib** Neue Freunde	190
Tag 19	**Transsib** Ein letztes Mal	198
Tag 20	**Wladiwostok** Stadt am Pazifik	208
Tag 21	**Wladiwostok** Insel Russki	220
Tag 22	**Wladiwostok** Heute Fußball	234
Tag 23	**Wladiwostok** Abschied von Russland	245
	Epilog	**248**

Prolog

Russland geht immer weiter. Hinter Moskau, hinter dem Ural, hinter Sibirien, hinter dem Baikalsee, hinter dem Fluss Amur, bis zum Pazifischen Ozean. Acht Stunden mit dem Flugzeug, sechs Tage mit dem Zug, wahrscheinlich ein Jahr zu Fuß.

Auf einer Dienstreise nach Russland, im Oktober 2017, entstand die Idee durch Russland zu reisen. Durch ganz Russland! In 23 Tagen knapp 9.300 Kilometer von Moskau nach Wladiwostok mit der Transsibirischen Eisenbahn! Dabei ging es nicht darum, einfach die Kilometer abzureißen. Nein. Ich wollte in einen intensiven Austausch mit dem Land, seiner Geschichte und seinen Bewohnern treten. Das bedeutet auch Übernachtungen in Hostels und Reise in der Transsib in der 3. Klasse *Platzkartnij*. Es sollte ein Abenteuer werden und es wurde eines. Ich startete meine Reise allein und kehrte mit so vielen neuen Begegnungen und Freundschaften nach Hause zurück.

★

Heute, am Vorabend der Abreise daheim in Köln, kann ich von all diesen Begegnungen noch nichts wissen. Ich habe keine Vorstellung von der Wucht der russischen Hauptstadt, keine Ahnung vom mediterranen Flair der Pazifikstadt Wladiwostok, keine Idee von den Wäldern im Ural, den unendlichen Weiten Sibiriens und der mystischen Schönheit des Baikalsees. Es ist mir nicht bewusst, wir sehr das Land noch heute von 300 Jahren Zarenherrschaft der Romanows und den darauffolgenden 70 Jahren Kommunismus geprägt ist. Und ich hätte nicht gedacht, dass Russland gleichzeitig ein so modernes und stolzes Land ist.

Was ich am heutigen Abend habe, ist ein gutes Gefühl. Ich habe diese Reise über einen Zeitraum von neun Monaten minutiös vorbereitet. Alles Organisatorische vorgelagert, um mich während der Reise komplett auf die Erlebnisse des Moments einlassen zu können. Bei der Auswahl der Städte entschied ich mich für Moskau, Jekaterinburg, Nowosibirsk, Irkutsk und Wladiwostok. Die touristischen Highlights sowie anstehende Events während der Zeit meines Aufenthalts sind notiert. Alle Fahrten mit der Transsib wurden zwei Monate im Voraus gebucht. Dank des Russlandreise-Spezialisten „RealRussia“ aus England hat dies problemlos funktioniert. Über die Internetseite *www.realrussia.co.uk* bekommt man einen guten Überblick über alle Regelzüge, die auf der Route der Transsibirischen Eisenbahn verkehren. Informationen über Abfahrtszeiten, Ankunftszeiten, Zwischenstopps, Schnellzüge, Bummelzüge … mit wenigen Mausklicks habe ich mir meine Liegeplätze in den jeweiligen Zügen reserviert. Dabei habe ich die einzelnen Abschnitte der Fahrten so gelegt, dass ich in allen Städten dazwischen jeweils 3 Tage Aufenthalt habe. Alle Flugverbindungen zwischen Düsseldorf, Moskau und Wladiwostok sind gebucht. Als Glücksgriff erweisen sich die Übernachtungen in Hostels. Zentral gelegen, stylisch eingerichtet, Kontakt zu Einheimischen und Reisenden. Und natürlich von mir im Voraus gebucht. Hier kann ich, ohne zu viel Werbung machen zu wollen, die Buchungsplattform *booking.com* sehr empfehlen. Alle Informationen habe ich durch die App auf dem Handy dabei und kann zur Not noch bis kurz vor Anreise kostenlos stornieren.

Die Visa-Modalitäten waren schnell erledigt. Ja, ohne Visum gehts in Russland nicht! Üblich ist ein 30-tägiges Touristenvisum. Die notwendigen Unterlagen wie Reisepass, Passbild und Krankenversicherungsnachweis habe ich an eine Agentur geschickt. Den Aufwand, selbst mit den Unterlagen zur Botschaft in Deutschland fahren zu müssen, wollte ich mir ersparen, auch wenn es bei der

Reisevorbereitung

Visum

Ohne Visum kommt man nicht nach Russland. Als Reisender wird man sich in der Regel für das Touristenvisum entscheiden, welches einen bis zu 30-tägigen Aufenthalt erlaubt und für eine einmalige Einreise gültig ist. Beantragt wird es bei der entsprechenden Botschaft oder dem Konsulat in Deutschland. Ich habe es über eine Agentur beantragt, was etwas teurer ist (ca. 90 €), dafür musste ich mich aber um nichts kümmern. Notwendige Unterlagen: Ausgefüllter Antrag, Passfoto, Bestätigung der Krankenkasse, gültiger Reisepass. Um das für die Visabeantragung notwendige Einladungsschreiben habe ich mich nicht selbst gekümmert, da die Agentur dies intern organisiert hat. Nach Einreise soll man sich innerhalb der ersten Tage bei einer Behörde melden. Dies habe ich nie gemacht, es wurde aber auch nie danach gefragt. Ich vermute, dass bei Übernachtungen in Hotels oder Hostels diese die Meldung an die Behörden vornehmen.

Einreise

Mit gültigem Visum und Reisepass kein Problem. Die versteinerten Mienen der meist recht jungen russischen Grenzbeamten brauchen niemanden nervös zu machen. In der Menschenschlange vor der Visa-Kontrolle ist allerdings etwas Geduld gefragt.

Geld

Währung in Russland ist der russische Rubel. Es ist nicht nötig, sich diesen schon in Deutschland zu besorgen. Von verschiedensten Banken stehen an jedem Flughafen, Bahnhof und in jeder Einkaufsstraße Geldautomaten.
Mit deutschen Kreditkarten gibt es problemlos zum Tageskurs Bargeld.
In den allermeisten Geschäften kann auch mit Kreditkarte bezahlt werden, sodass große Bargeldbestände gar nicht notwendig sind.

Nützliche ReiseApps

- 2GIS: Sehr hilfreiche Stadtpläne mit Infos zu Bus- und Straßenbahnverbindungen, Restaurants, Sehenswürdigkeiten usw.
- Yandex Go: Einfaches und günstiges Bestellen eines Taxis
- Ostrovok: Buchen von Unterkünften

Agentur mit ca. 90 € dafür etwas teurer wurde. Zehn Tage später lag der Reisepass mitsamt dem russischen Visum im Briefkasten. Etwas aufwendiger war da schon der Packplan, den ich für das Reisegepäck, verteilt auf einen großen und einen kleinen Rucksack, aufgestellt habe. Was nimmt man alles mit auf eine Reise mit der Transsib? Teller, Handtuch, Schlafsack, Besteck, Feuerzeug, Taschenlampe. Vieles von dem Zeug habe ich rund 9.300 Kilometer durch Russland geschleppt und nicht einmal gebraucht. Tatsächlich gebraucht habe ich meine russischen Sprach-Grundkenntnisse. Diese habe ich in einem Semester an der Volkshochschule extra noch einmal aufgefrischt. Außerhalb von Moskau wird es ohne Kenntnis der russischen Sprache und des kyrillischen Alphabets sehr schnell ruhig um einen. Mit lateinischen Buchstaben und Kenntnissen in der Weltsprache Englisch kommt man nicht weit. Insbesondere auf einer Individualreise in der 3. Klasse der Transsib. Gelernt habe ich die russische Sprache seinerzeit in der Schule, was allerdings viele Jahre her ist und überdies ohne große Motivation erfolgte. Mit großem Enthusiasmus dagegen habe ich während der Reise täglich einen Blog geschrieben, der die Grundlage für dieses Reisetagebuch bildet. Da ich vorher noch nie gebloggt habe, gehörte also auch dieser Know-How-Erwerb zu den Reisevorbereitungen. Da sind neun Monate schnell vorbei.

Ein prima Nebeneffekt der langen Vorbereitung: Die Vorfreude und das Reisefieber haben sich täglich gesteigert. Aber lest selbst und begleitet mich die nächsten drei Wochen durch dieses Land der unbegrenzten Unmöglichkeiten. Aber Vorsicht, liebe Freunde, ich möchte euch warnen: Die Lektüre könnte Folgen haben: dass ihr nach Russland reist! Land und Leute haben euer Interesse verdient und ihr werdet mit unvergesslichen Erlebnissen zurückkehren!

Dawai!

TAG 1 ДЕНЬ

Moskau – Jekaterinburg – Nowosibirsk – Irkutsk – Wladiwostok

Москвá – Екатеринбу́рг – Новосибирск – Ирку́тск – Владивостóк

Moskau
Москвá

Willkommen in Russland

Jetzt ganz still, ich habe mich gerade ins Hostel geschlichen. Meine drei Mitbewohner grunzen schon, denn es ist 3:30 Uhr in der Nacht. Die Luft im Zimmer kann mit jedem Pumakäfig mithalten. Erstmal das Fenster aufgerissen, draußen ein Baustellenlärm sondergleichen, was die drei Schlafmützen aber noch nicht weckt.

Aber von Beginn an: Die Reise von Köln über Düsseldorf bis ins Hostel nach Moskau verlief völlig entspannt. Die sechs Transportmittel meiner Wahl waren famos aufeinander abgestimmt. Mit der Straßenbahn 15 Minuten bis zum Hauptbahnhof in Köln, Regionalbahn 45 Minuten bis zum Flughafen Düsseldorf, 10 Minuten Skytrain zum Terminal, 3 Stunden Flug bis Moskau Scheremetjewo, 45 Minuten Aeroexpress in die Moskauer City und schon, um 17:09 Uhr, betrat ich über den Weißrussischen Bahnhof zum ersten Mal die russische Hauptstadt!

Der Weißrussische Bahnhof ist einer von mehreren Fernbahnhöfen in Moskau. Altehrwürdig sind sie allesamt, dieser wurde bereits 1870 eröffnet. Nun noch 20 Minuten mit der Metro bis zum Hostel und zack, erledigt! Von Haustür zu Haustür 10 Stunden Reisezeit für 2.300 km Strecke, alles entspannt. Fast wie mal eben um den Block Zeitung holen.

Apropos Zeitung: Die habe ich im Flugzeug gelesen. Auf Russisch. Hat mir prima die Zeit vertrieben. Sechs Seiten in zwei Stunden. Es waren tatsächlich einige Sätze dabei, die ich verstanden habe. Sicher war es hilfreich, dass ich kein Fachblatt über Biomedizin in den Händen hielt, sondern eine Sportzeitung. So konnte ich verstehen, dass heute Saisonstart der Russischen Fussballliga ist. Spartak Moskau gegen FK Orenburg. Da muss ich hin!

Vorher aber erstmal im Hostel die Klamotten loswerden. Das Hostel *GoodMood* liegt äußerst zentral, die Metro-Station „Kitai-Gorod“ um die Ecke, 10 Minuten zu Fuß vom Roten Platz entfernt, in einer kleinen Seitenstraße, normalerweise relativ ruhig. Aktuell werden die Straßen und Fußwege im Viertel kernsaniert, und das 24/7. Das Hostel kostet zwar doppelt so viel wie die Unterkünfte, die ich in den nächsten Städten gebucht habe (jaja, Moskau ist teuer), aber umgerechnet 20 € pro Nacht sind aus Sicht einer deutschen Brieftasche noch immer recht günstig.

Das Hostel macht einen prima Eindruck. Es liegt in der 3. Etage eines Altbaus mit hohen Decken und einem Treppenhaus in Eiche rustikal. Mit der Stahltür unten am Eingang habe ich allerdings etwas Probleme. Das Schild „bitte kräftig drücken“ verleitet mich mit jedem Versuch die Tür zu öffnen, die Intensität des „Drückens“ zu erhöhen und irgendwann gegen die Tür zu springen.

Kosten

Als Individualreisender kommt man recht günstig durch Russland. Ich habe für jeden Euro ca. 70 Rubel bekommen. Übernachtungen in Hostels ca. 10–20 €/Nacht, ein Busticket ca. 0,25 €, Frühstück oder Abendessen in einem russischen Schnellrestaurant ca. 5–10 €. Üppiges Abendessen in einem guten Restaurant 20 €. 1.500 Kilometer Fahrt mit der Transsib in der 3. Klasse ca. 60 €.

Außer viel Krach kommt nichts dabei rum, die Tür bleibt geschlossen. Was mache ich denn bloß falsch, hier steht doch „bitte kräftig drücken"? Ich schildere mein Problem während eines kurzen Telefonates einer Mitarbeiterin des Hostels. Achso, man muss vorher klingeln? Tatsächlich, da ist eine Klingel „GoodMood Hostel". Super, es funktioniert und ich bin im Treppenhaus!

Im Hostel ist alles vorhanden, was man braucht: eine Lounge, eine Küche mit kostenlosem Tee und Gebäck, vier Schlafräume mit Doppelstockbetten, ein Sanitärraum für alle Gäste sowie eine junge, englischsprachige Mitarbeiterin rund um die Uhr. Für Tee und Gebäck ist jetzt allerdings keine Zeit mehr, das Fußballspiel beginnt in einer Stunde. Auf zum Spartak-Stadion!

Von den Moskauer U-Bahnhöfen habe ich ja schon viel gehört. Paläste unter Tage! Es gibt sogar Stadtführungen, bei denen ausschließlich Metro-Stationen abgeklappert werden. Im Moment habe ich für die schönen Kronleuchter allerdings kein Auge. Mit der Metro-Linie 7 geht es ohne umzusteigen zum Stadion. Für 415 Rubel habe ich mir zuvor am Schalter, unter den wachsamen Augen eines an jedem Metrozugang postierten Polizisten, ein 3-Tages-Ticket für das gesamte Moskauer U-Bahn-Netz gekauft. Die Fahrkartenverkäuferin war durchaus überrascht, dass aus meinem Mund, wenn auch nicht fehlerfrei, russische Vokabeln kamen. Und sie hat tatsächlich verstanden, was ich wollte. Spitze. Spitze ist auch der Preis. Für den Preis gibt es in Köln nicht mal ein Tagesticket für das lediglich ein Zehntel so große ÖPNV-Netz.

Rund um das Stadion tobt ein Gewitter und damit meine ich nicht die lautstarken Spartak-Fans, sondern den Platzregen der sintflutartig vom Himmel prasselt. Da ich jedoch meinen Regenschirm im Hostel gelassen habe, muss ich das Cappy in die Stirn ziehen und ab durch den Regen zu den Kassenhäuschen laufen.

Blöd, es gibt keine Tickets mehr. Egal, die Russen, die wie ich kein Ticket mehr für das Spiel bekommen haben, rufen vor dem Stadiontor „Öffnet den Block" und sind ganz schön sauer, während drinnen schon fast die erste Halbzeit vorbei ist. Ich verstehe nicht, warum sie nicht nach Hause gehen. Ich finde es trotzdem spannend und so stehe auch ich bis zur Halbzeit draußen und rufe „Öffnet den Block". Aber der Block öffnet sich nicht! Klar, wohin auch mit den Leuten im ausverkauften Stadion.

Metro

- Viele Stationen sind architektonische Meisterwerke
- Die Bahnen fahren meist im 2-Minuten-Takt
- 1935 eröffnet
- Über 2,5 Mrd. Fahrgäste jährlich

Zielgruppe
Jedermann
Bewertung
★★☆

Als der Regen etwas nachlässt, aber keineswegs aufhört, gehe ich zur Metro, um zurück ins Zentrum zu kommen. Habt ihr schon mal eine U-Bahn gesehen, in der man von innen das andere Ende nicht sieht? Schaut mal genau hin: Der Gang verschwindet irgendwo am Horizont. Was hat die wohl für einen Wendekreis? Die hätte gar nicht losfahren brauchen. Wer zur hinteren Tür einsteigt und an der vorderen Tür wieder aussteigt, ist quasi unterirdisch in der U-Bahn bis zum Roten Platz gelaufen.

Am Roten Platz steige ich aus der Metro und brauche nun dringend erstmal einen Geldautomaten. Einen solchen habe ich auf der Route Flughafen – Hostel – Stadion nirgends gesehen. Das gibt es doch nicht. Ich meine, wir sind hier im Zentrum der russischen Hauptstadt, da muss man doch irgendwie an ein paar Rubel kommen. Die Rettung ist das Kaufhaus GUM, die Speerspitze aller russischen Konsumtempel. GUM ist im Übrigen kein Fantasiename, sondern eine Abkürzung für „Hauptkaufhaus“ *(glawnij uniwersalnij magasin)*. GUM's und ZUM's (*zentralnij uniwersalnij magasin;* „Zentralkaufhaus“) gibt es in jeder russischen Stadt. Natürlich ist keines mit dem GUM in Moskau auch nur annähernd zu vergleichen. Mit über 75.000 qm Fläche und seiner über 100-jährigen Geschichte galt es einst als das größte Warenhaus Europas und es hat einen Geldautomaten. Als ich die 9.000 Rubel aus dem Au-

GUM

- Mit über 100 Jahren eines der bekanntesten Kaufhäuser der Welt
- Einst das größte Kaufhaus Europas, direkt am Roten Platz

Zielgruppe
Jedermann

Bewertung
★★☆

tomaten ziehe, versuche ich ein betont gleichgültiges Gesicht zu machen, meinen plötzlichen Reichtum muss ja nun nicht gleich jeder mitbekommen. Wenn ich den Gegenwert von 125 € in Deutschland aus einem Automaten ziehe, komme ich mir jedenfalls nie so prominent vor. Gut, dass an allen Eingängen zum GUM ein Wachmann nebst Sicherheitsschleuse steht. Nun kann ich entspannt durch die Gänge und Etagen dieser pompösen Glitzerwelt spazieren und aus dem Vollen schöpfen, die ersten Rubel werden direkt in ein Eis investiert.

Wieder auf der Straße, vor der illuminierten Fassade des GUM, höre ich aus einiger Entfernung Konzertmusik. Dann mal immer den Ohren nach. Am Maneschnaja-Platz dann die Erklärung und die erste Gelegenheit, tief in das russische Herz blicken zu dürfen! Eine große Bühne mit feinstem Multimedia-Equipment und geschätzt 50.000 Zuschauer. Diverse russische Musikerinnen und Musiker, die allesamt frenetisch von den Zuschauern gefeiert werden, geben sich mit ihren Songs das Mikro in die Hand. Ganz ehrlich, die Musik ist wirklich großartig: Russische Popmusik gefällt mir wirklich gut, sie hat Emotionen und ordentliche Beats!

Das alles zu Ehren der russischen Sportler, insbesondere der Olympiasieger. Das ist skurril, da Russland ja offiziell von den olympischen Winterspielen im südkoreanischen Pyeongchang suspendiert war. Aber wer dopen kann, der kann auch feiern. Und die Medaillen, die die russischen Wintersportler unter neutraler Flagge errungen haben, waren ja trotzdem eine tolle Leistung.

Als alle Zuschauer die russische Nationalhymne singen, bekomme ich Gänsehaut! Gänsehaut beschert mir auch die 100-Millionen-Volt-Lichtshow über unseren Köpfen. Der Regen lässt zwar zunehmend nach und nachdem die Zuschauer ihre Regenschirme einpacken, ist nun auch das Geschehen auf der Bühne prima zu sehen. Aber ebenso kann man nun auch aus erster Reihe das Zucken der unzähligen Blitze am Himmel beobachten. Ich sehe uns alle schon in einem finalen Donnerschlag zu Staub zerfallen. Aber das Inferno bleibt aus.

So aufgeputscht kann ich unmöglich ins Bett gehen. Also gehe ich nach einer Dusche im Hostel noch in zwei Clubs direkt nebenan. Die junge russische Mitarbeiterin im Hostel hat mir zwar von diesen beiden Etablissements abgeraten und mir eine andere Nightlife-Ecke in Moskau empfohlen, aber das lag wohl eher an ihrem persönlichen Musikgeschmack. Außerdem hätte ich dann erst noch eine halbe Stunde Weg auf mich nehmen müssen.

Das *Standard* ist ein Laden für internationale Chartsmusik und russische Popmusik. Mit Whisky-Cola in der Hand halte ich es hier eine Weile aus. Das Publikum ist jung, adrett gekleidet, in guter Stimmung, Samstagabend eben. Meinen Ausweis muss ich am Eingang vorzeigen. Mein Gott, sehe ich denn so jung aus? Die Mine des Türstehers hellt sich direkt auf, als ich ihm meinen deutschen Reisepass in die Hand drücke. Mit einem freundlichen Schulterklopfen seinerseits darf ich passieren. Richtig gut ist aber der Elektro-Club *Propaganda* nebenan. Auf den bin ich bereits während meiner Reisevorbereitungen in

Deutschland aufmerksam geworden. Das *Propaganda* gilt als einer der angesagtesten Clubs für House und Techno in Moskau, also genau mein Geschmack! Was für ein Zufall, dass dieser nun keine 100 Meter von meinem Hostel entfernt liegt. Der Techno-Gott hat es an dieser Stelle gut mit mir gemeint: ohne viel Zinnober, einfach dunkel, klein, Nebel, dezente Beleuchtung und Weltklasse-Musik. Das Publikum, wie auf Elektroparties üblich, ist mit sich selbst beschäftigt und will einfach nur tanzen. Das zuckende Strobolicht fehlt natürlich auch nicht und ist auch wesentlich angenehmer als die zuckenden Blitze vor einer Stunde auf dem Maneschnaja-Platz. Für 330 Rubel gibt es hier noch mal ein Glas Whisky-Cola.

Ich würde es ja locker noch bis 5 Uhr morgens aushalten, ich bin gerade so schön im Flow. Wie damals Anfang der 1990er-Jahre in meiner Heimatstadt Leipzig, als wir uns in stillgelegten Fabriken oder leerstehenden Wohnhäusern zu Technoparties trafen. Aber: Disziplin Freunde, Disziplin! Von wegen morgen bis mittags schlafen, das

Club Propaganda

- Einer der angesagtesten und ältesten Elektro-Clubs in Moskau
- Tagsüber ein Restaurant

Zielgruppe
Partypeople

Bewertung
★★★

könnt ihr knicken. Stadtbesichtigung ist angesagt, aufstehen spätestens um 9 Uhr, schließlich bin ich nur drei Tage in Moskau. Also verlasse ich etwas wehmütig um 3 Uhr das *Propaganda.* Was mich draußen erstaunt, ist der junge Herr Bauarbeiter, der einsam mit seiner Schaufel in einem Loch rumpickt. An derselben Stelle haben heute tagsüber bereits fünf Bauarbeiter gewerkelt. *Rabota, Rabota,* alles muss schnell fertig werden.

Einer der Russen im Hostel macht nun das Fenster zu. War dann wohl doch zu laut im Schlafsaal. Am Lehrling mit der Schaufel liegt es ja nicht, aber seine Kollegen um die Ecke machen mit ihren Kreissägen, Baggern und Rüttelplatten einen Lärm – und das nachts um 3 Uhr! Jetzt ist zwar Ruhe im Schlafraum, aber gleich gibt es auch keinen Sauerstoff mehr. Bis es soweit ist, muss ich eingeschlafen sein, also guts Nächtle!

Erkenntnis des Tages

Die Anreise von Köln nach Moskau klappt wie am Schnürchen, 2.300 Kilometer … wie mal eben um den Block Zeitung holen.

TAG 2 ДЕНЬ

Moskau
Москва́

Jekaterinburg
Екатеринбу́рг

Nowosibirsk
Новосибирск

Irkutsk
Ирку́тск

Wladiwostok
Владивосто́к

Autokauf

Der heutige Tag war ein ganz hervorragendes Beispiel dafür, dass alles anders kommen kann, als man denkt. Nach nur vier Stunden Schlaf – mein Tatendrang will mich auf keinen Fall länger im Bett liegen lassen – mache ich mir in der Wohnküche des Hostels morgens gegen 9 Uhr einen Tee und komme währenddessen mit zwei Mitreisenden ins Gespräch. Artjom aus Perm, Russland und Marc aus Montreal, Kanada. Ich sage auf Russisch so akzentfrei „Guten Morgen", dass Artjom mich für einen Russen hält, wie er mir später sagt. Die Russen glauben, ich sei ein Russe. Welch ein Ritterschlag. Wir philosophieren über dies und das und nach einer Stunde werde ich eingeladen, gemeinsam mit den beiden den Tag zu verbringen. Natürlich stimme ich direkt zu und verschiebe meinen geplanten touristischen Spaziergang durch Moskau auf den morgigen Tag. Artjom ist heute früh mit 450.000 Rubel in den Hosentaschen nach Moskau gekommen,

Sprache

Als klassischer Tourist in Moskau oder St. Petersburg mit Hotelübernachtung braucht man keine russischen Sprachkenntnisse. Hier gibt es genug Englisch sprechende Personen und die Hinweisschilder auf der Straße sind in kyrillischen und lateinischen Lettern verfasst. Sobald man aber diese beiden Städte verlässt und als interessierter Individualtourist das Land entdecken möchte, sind Kenntnisse der russischen Sprache von großem Vorteil. Außerhalb der Metropolen sprechen die meisten Menschen keine Fremdsprache und sämtliche Schrift ist in Kyrillisch. Ich empfehle ein Semester „Russisch für Anfänger" an einer Volkshochschule. Um sich im Land grob orientieren zu können, sollte dies schon reichen.

um ein Auto zu kaufen. Marc und Artjom haben sich bereits vor einem Jahr auf einer Reise kennengelernt. Und da Marc gerade auch wieder in Moskau ist, haben sich die beiden eben für den heutigen Tag verabredet.

Wir fahren also zu dritt mit der Metrolinie 12 weit in den Süden von Moskau bis zur Station „Bulwar Admirala Uschakowa" im Stadtteil Južnoje Butovo. Dieser von Artjom als „Arsch von Moskau" bezeichnete Stadtteil ist eine typische Moskauer Großwohnsiedlung weit außerhalb der Stadt, mit riesigen Wohnblocks und über 200.000 Einwohnern. In Južnoje Butovo hatte Artjom via Internet das Auto seiner Träume gefunden und entsprechend sollte das Treffen mit dem Verkäufer stattfinden.

Da Zeitangaben in Russland relativ sind, und vom Verkäufer zur vereinbarten Uhrzeit noch nichts zu sehen ist, bleibt nach Ankunft für Marc und mich – Artjom telefonierte etwas abseits mit dem Verkäufer seines Wunschautos – etwas Zeit dem stolzen Gesang einer kleinen Kirchengemeinde zu lauschen. Und obwohl deren Gotteshaus inmitten von Wohnhochhäusern, vierspurigen Straßen und der Hochtrasse der Metro liegt, fühle ich in mir dennoch eine angenehm friedliche und beschauliche Stimmung. Wir wissen nicht genau, zu welchem Anlass die Gemeinde heute zusammengekommen ist, schließen aber aus dem militärischen Habitus einiger Teilnehmer des Ensembles sowie der Betagtheit der wenigen anwesenden Gäste, dass diese vermutlich den Veteranen einer ruhmreichen Schlacht aus dem vergangenen Jahrhundert gedenken.

Wir werden hungrig und kaufen im nahegelegenen Supermarkt Verpflegung. Wer nun glaubt, dass in Russland noch irgendeine Form von Lebensmittelknappheit oder kulinarische Ödnis herrscht, der wird hier auf der Fläche eines Fußballfeldes eines Besseren belehrt. Es gibt alles, was man gebrauchen und nicht gebrauchen kann und zwar in zehnfacher Ausführung. Jeder von uns packt sich nach individuellem Gusto ein kleines Frühstückspaket zusammen, ich halte mich dabei an die leckeren russischen Backwaren, einen Kakao für den Geschmack und eine Flasche Wasser gegen den Durst. Das in allen russischen Supermärkten gut sortierte Regal mit Wodka lockt natürlich auch am „Arsch von Moskau“ mit einem zünftigen Vollrausch. Wir können dem Gesang der Sirenen allerdings widerstehen und lassen das „Wässerchen“ im Regal.

Dann ist es endlich soweit: Der Verkäufer kommt mit seinem Wagen und in Begleitung seiner Frau Ljudmila. Artjom checkt also den elfjährigen *Infiniti,* während Marc und ich die Szene aus dem Hintergrund beobachten.

Der Wagen sieht wirklich edel aus, eine beeindruckende Erscheinung. Da haben die Nissan-Designer für ihre Luxusmarke seinerzeit ein attraktives Fahrzeug zurechtgeschneidert. Auch der Verkäufer hat seine Hausaufgaben für einen gelungenen ersten Auftritt makellos gemacht und den Wagen zuvor durch die Waschstraße rollen lassen. Die ganze Szene spielt sich auf der rechten Spur einer vierspurigen Straße ab. Es ist zwar nicht viel Verkehr, aber für mich als penibler Deutscher doch ein etwas ungewöhnlicher Ort, um ein Auto zu kaufen. Bevor

Artjom mit dem Auto sowie dem Verkäufer und dessen Frau für eine Probefahrt verschwindet, fragt er nach unserer Meinung. Kaufen oder nicht kaufen? Marc und ich haben uns den Wagen natürlich auch genauer angeschaut und wir sind uns einig: Oberflächlich alles top, dennoch können wir für den Wagen keine Kaufempfehlung aussprechen. Bei genauerem Hinschauen ergeben sich durchaus Fragen, die man dem Noch-Besitzer stellen könnte. Aber da ist Artjom schon unterwegs zur Probefahrt.

Nun ist sich Artjom sicher, dieser Wagen oder keiner! Und nach mehreren Stunden des Verkauf- und Kaufprozesses wechselt der Wagen den Besitzer. Der Verkäufer erhält die 450.000 Rubel in cash, Artjom den Wagen nebst den erforderlichen Dokumenten. Artjom ist somit stolzer Besitzer eines neuen Gebrauchtwagens. So machen wir uns ausgelassen mit 280 PS auf den Rückweg in die City. Man, sind wir eine coole Gang. Hinter den abgedunkelten Scheiben des Schlittens, in seinen schweren Ledersitzen, Artjom drückt entweder Vollgas oder macht eine Vollbremsung. Auf gute Beats müssen wir allerdings verzichten – wie sich herausstellt, ist das Radio kaputt.

Ich, der sich über die immervollen Autobahnen im Berufsverkehr rund um Köln oder München ärgert, habe jetzt richtig Spaß. Ich meine, heute ist Sonntag und hier staut sich der Verkehr auf zehn Spuren. Weiß der Himmel, wie es hier unter der Woche im Berufsverkehr aussieht. Aber lasst uns die Dinge positiv sehen! Artjom kann prima im 15-Sekunden-Rythmus abwechselnd die Manöver „Vollgas“ und „Vollbremsung“ einüben. Vollgas und

Vollbremsung, Vollgas und Vollbremsung, einfach herrlich! Eineinhalb Stunden Sightseeing, erst auf dem äußeren Ring von Süd nach West, dann einmal quer durch die Stadt Richtung Osten. Wer das Ruhrgebiet von Duisburg nach Dortmund kennt und ausreichend Fantasie besitzt, sich das Ganze als lückenlose Bebauung vorzustellen, bekommt einen ungefähren Eindruck von der Wucht der russischen Hauptstadt.

Ausreichend Fantasie hatte offensichtlich auch der Verkäufer, als er seinen Wagen als gepflegtes Model präsentierte. Und Artjom hatte wohl während des gesamten Vorgangs sein Augenmerk zu sehr auf das hochglanzpolierte Blechkleid gelegt. Der Wagen fängt nun an, penetrante, sich verstärkende und besorgniserregende Geräusche von sich zu geben! Kurz bevor uns die Karre um die Ohren fliegen kann, entdecke ich am rechten Fahrbahnrand der zehnspurigen Ausfallstraße so etwas wie eine Autowerkstatt, an der wir jedoch aus Versehen vorbeifahren. Die Geräusche des Wagens sind wirklich laut, so richtig Gas nimmt er auch nicht mehr an. Dass das Radio nicht funktioniert, ist längst das geringste Problem. Jetzt irgendwie dreimal rechts abbiegen und über die Nebenstraßen zurück auf die Hauptstraße. Gott sei Dank, da vorn sehen wir schon wieder die Autowerkstatt. Auch wenn der Gesamteindruck der Anlage durchaus improvisiert wirkt, ist alles da, was wir jetzt brauchen. Freies Personal und eine Hebebühne. Das ist das Schöne an Russland, ein Arbeitszeitschutzgesetz scheint es nicht zu geben. Oder wenn doch, dann scheinen die Arbeitnehmer nichts von dessen Existenz zu wissen. Ob Bauarbeiter oder Automechaniker, sonntags wird gearbeitet. Ein Glück für den Verbraucher im Allgemeinen und für Artjom im Speziellen!

Da steht nun Artjoms Schatz „Fini“ – *Infiniti*. Mäßig reparierte Unfallschäden an Front und Heck, völlig abgefahrene Winterreifen. Das sehr verzögerte Ansprechverhalten beim Betätigen des Gaspedals stellt sich im Nachhinein als ein Defekt des Automatikgetriebes heraus. Ach ja, kann jemand die Bremsbeläge erkennen? Nein? Wir auch nicht. Aber zumindest diese werden nun ersetzt. Für umgerechnet 8 € gibt es die bei irgendeinem Händler am heutigen Sonntag um die Ecke. Dorthin fährt Artjom mit einem Taxi. Marc und ich machen uns in der Zwischenzeit mit den Mechanikern bekannt. Da einige von ihnen, wie auch Marc, ihre Wurzeln in Armenien haben, versteht man sich gut. Ich bin erstaunt, dass in regelmäßigen Abständen immer wieder Kunden mit ihren Autos vorfahren. Der Service, am Sonntag sein Auto in die Werkstatt bringen zu können, wird offensichtlich gern angenommen. Alles in allem gehen mehrere Stunden ins Land. Artjom ist irgendwann mit einem Schächtelchen neuer Bremsbelege wieder da, welche direkt eingebaut werden. Auch wenn mir nicht klar ist, warum nun gerade diese die multiplen Probleme des *Infiniti* lösen sollen, können wir tatsächlich, was keiner für möglich hielt, weiterfahren. Seltsamerweise nimmt der Wagen nun auch wieder makellos Gas an. Welch eine Freude: Vollgas, Vollbremsung, Vollgas, Vollbremsung. Der Plan ist nun, dass

Auf Hochglanz poliert – Autokauf am Straßenrand

Sonntag in Moskau – Dichter Verkehr auf 10 Spuren

Eine Bühne und freies Personal – fast alles gut

Artjom Marc und mich an der nächsten geeigneten Metrostation absetzt und anschließend die 1.400 Kilometer nach Perm noch heute Abend zurückfährt. Aus meiner Sicht sehr ambitioniert, aber wir sind hier in Russland.

Die Enttäuschung kommt 15 Minuten später: Zack, da ist wieder unser Problem. Das Ansprechverhalten des Gaspedals ist wie das eines Eselkarrens. Einfach keine Beschleunigung, wo sind sie nur die 280 Pferdestärken? Wir überzeugen Artjom, seine Rückfahrt auf den morgigen Tag zu verschieben. Denn wer weiß, was noch mit dem Auto passiert, dann lieber morgen bei Tageslicht als heute in der Nacht unterwegs sein. Wir fahren daher gemeinsam zum Hostel und Artjom bucht sich für eine Nacht ein Bett. So bleibt zumindest Zeit für ein gemeinsames Abendessen. Marc hat bereits andere Pläne, aber Artjom und ich machen uns bei bester Laune, Pizza, russischen Gerichten und deutschem Bier noch einen schönen Abend.

Die Botschaft des heutigen Tages für mich lautet: Auch wenn ihr am Ende des Tages rein gar nichts von dem gemacht habt, was ihr euch vorgenommen hattet, kann es trotzdem ein wertvoller Tag gewesen sein – mit zwei neuen Freunden aus Russland und Kanada!

Erkenntnis des Tages

Ein Tag an dem alles anders ist als geplant … ein grandioser Tag.

TAG 3 ДЕНЬ

Jekaterinburg
Екатеринбу́рг

Nowosibirsk
Новосибирск

Irkutsk
Ирку́тск

Wladiwostok
Владивосто́к

Moskau
Москва́

10 Stunden Sightseeing

Mit einem Blick auf die Uhr werde ich schlagartig wach: 9.30 Uhr, in einer Stunde wollten Marc und ich doch schon zur Führung im Bolschoi-Theater sein! Herrgottnochmal! Diesen Programmpunkt hatte ich bereits während der Reisevorbereitungen in Deutschland fest eingeplant. Wenn schon keine Theaterveranstaltung im Bolschoi, dann wenigstens eine Führung durch die Räumlichkeiten. Jetzt aber raus aus den Federn! Artjom befindet sich derweil schon längst auf dem Rückweg nach Perm. Bei 1.400 Kilometer Fahrt mit einem eher mäßig zuverlässigen Fahrzeug ist er morgens bei Zeiten gestartet. Da weder Marc noch ich eine WhatsApp-Nachricht von ihm bekommen haben, gehen wir davon aus, dass der Wagen noch durchhält. Marc sitzt bereits mit einem Tee in der Küche. Ich geselle mich hinzu, allerdings ohne viel Gemütlichkeit zu verbreiten. Für einen Tee aus dem allzeitbereiten *Samowar* reicht die Zeit aber noch, dann machen wir uns zu Fuß auf den Weg.

Ich rechne mit Heerscharen von Touristen, die an der heute Vormittag angebotenen Führung durch das Bolschoi teilnehmen wollen. Um zwei der begehrten Tickets zu ergattern, plante ich mindestens eine halbe Stunde vor Beginn der Führung am Bolschoi zu sein. Für unser gemeinsames Frühstück bedeutet dies: Wir haben exakt acht Minuten, dann muss alles erledigt sein. Das Schnellrestaurant *Grabli* in der 4. Etage des Kinderkaufhauses ZDM am Lubjanka-Platz hilft uns, mit seinem reichhaltigen Angebot an vorbereiteten und aufgewärmten Speisen im Zeitplan zu bleiben. Es schmeckt, das Ambiente ist nett und die Rechnung niedrig. Ein guter Start in den zweiten Morgen in Moskau.

Das Bolschoi-Theater ist das Aushängeschild in Russland bezüglich Theater und Ballett. Es ist gut 250 Jahre alt, zweimal ab- und ausgebrannt, wiederaufgebaut und seine 1.800 Zuschauerplätze in der Regel ausverkauft. Zwischen 2005 und 2011 war der Laden geschlossen und wurde zu unglaublichen Kosten generalsaniert, die Schätzungen liegen bei 500 Millionen bis eine Milliarde Euro! Es gibt wirklich keine Ausrede, von einem Besuch dieses schöngeistigen Tempels abzusehen.

So stehen wir auf die Minute pünktlich – Gott sei Dank – vor der schweren Holztür des Bolschoi. Intuitiv haben wir auch den richtigen Eingang Nummer 12 erwischt. Von den Heerscharen an Touristen ist allerdings nichts zu sehen, sicher alles Kulturbanausen! Dann entdecke ich jedoch einen Aushang: Sommerpause, die nächsten Führungen finden erst im September statt. Nicht nur, dass wir um das Innenleben des Bolschoi-Theaters gebracht werden, überdies haben wir völlig umsonst unser eigenes Inneres mit einem Acht-Minuten-Turbo-Frühstück gestresst.

Wir brauchen nun dringend ein Erfolgserlebnis. Marc spricht daher auf dem Platz vor dem Bolschoi innerhalb der nächsten fünf Minuten drei unbekannte Frauen an. Der unverfängliche Aufhänger ist dabei jedes Mal die

Frage, ob sie wüssten, was wohl die drei Buchstaben „ZUM" auf dem Dach des Hauses rechts neben dem Bolschoi zu bedeuten hätten. Dabei sind wir tatsächlich an der Antwort interessiert und da wir zweifelsfrei als ausländische Touristen zu erkennen sind, kommt die Frage bei den jungen Damen auch authentisch an. Natürlich könnten wir auch googeln, aber Marc und ich liegen bezüglich unserer Russlandreise auf einer Wellenlänge. Wir wollen so viel wie möglich mit Einheimischen ins Gespräch kommen. Nachdem uns das Bolschoi so schroff abgewiesen hat, bringen uns diese kleinen Flirts mental wieder auf die Spur.

Nun schlendern wir weiter bei immer schöner werdendem Sommerwetter. Den in allen Reiseführern als eine der ältesten Straßen im historischen Zentrum von Moskau gepriesenen „Arbat" empfinden wir als reichlich unspektakulär. Das liegt sicher auch daran, dass wir uns mit der Historie dieser seit dem 15. Jahrhundert bestehenden Straße im Vorfeld nur unzureichend beschäftigt haben. Wenn auch das Straßenbild sowohl durch deutsche Luftangriffe im Zweiten Weltkrieg als auch durch den massenhaften Abriss zu Sowjetzeiten gelitten hat, gilt der Arbat ob seiner noch immer vielen historischen Gemäuer und der berühmten Künstler, die hier gelebt haben, als Szeneviertel und Touristenattraktion. Aber gerade letztere mit ihren unzähligen Souvenirständen und billigen Krimskrams-Geschäften sorgt bei uns eher nicht für Applaus, sondern für eine beschleunigte Gangart. Wir schauen uns lieber das seit einigen Jahren entstehende, wirklich spektakuläre Kapitalisten-Stadtviertel „Moskau City" an. Hier wurde und wird richtig geklotzt! Die Wolkenkratzer sind unser Ziel. Einer davon ist der „Federazija"-Tower, mit 374 Metern aktuell der zweithöchste Wolkenkratzer in Europa.

Der Weg dorthin führt uns über die Smolenskaja Straße und die Bolschaja Dorogomilowskaja Straße. Diese Art von acht- bis zehnspurigen Straßen durchziehen die Innenstadt von Moskau wie ein Spinnennetz. Und obwohl mir als deutsches Großstadtkind innerstädtische Verkehrsprobleme durchaus geläufig sind, stellt Moskau auch in dieser Beziehung vieles in den Schatten. Laut der amerikanischen INRIX-Studie stand der Moskauer Autofahrer im Jahr 2019 durchschnittlich 128 Stunden im Stau. Das mit 87 Stunden vom Stau in Deutschland am meisten geplagte München ist da im Vergleich fast als staufrei zu bezeichnen. Am heutigen Sonntag ist kein Stau in Moskau, viele Einwohner sind jetzt im Sommer auf ihrer Datscha im Grünen. Sehr vernünftig. Voll und laut sind die Straßen trotzdem. Aber zumindest kann man sich nicht über Schmutz beklagen. Überall werden die Straßen mit Hochdruck gereinigt, gerne im 3er-Gespann. Die Russen mögen durch Leberzirrhose das Zeitliche segnen, aber sicher nicht durch eine Staublunge. Zumindest nicht in Moskau.

Diese Stadt ist wirklich speziell. Famos. Faszinierend. Ein Moloch. Alles ist mindestens zehnmal größer als anderswo. Köln als deutsche Millionenstadt kommt mir im Angesicht dieser Prachtboulevards und Prunkbauten zunehmend kleinstädtisch vor. Ein beeindruckendes Beispiel sind die „Sieben Schwestern“ genannten Stalinhochhäuser aus den 1950er-Jahren. Ein Mitglied dieser illustren Großfamilie ist das Gebäude des russischen Außenministeriums am westlichen Ende des Arbats. 172 kolossale Meter hoch! Das Aufsetzen einer Turmspitze hat Herr Stalin höchstpersönlich befehligt, diese war vom Architekten ursprünglich nicht vorgesehen. Und nicht nur monumental, sondern auch filigran wurde gearbeitet. Gut, dass das Gebäude im Zentrum Moskaus direkt am „Ring B“ steht. Der hat zehn Fahrspuren und ich somit genug Abstand, um von der gegenüberliegenden Straßenseite diesen Steinkoloss aufs Foto zu bekommen. Nur für die Spitze der Turmspitze hat es nicht ganz gereicht.

Bei einem Zugang zur Metro wähne ich mich vor einem römischen Tempel. Aber nein, hier geht es zur U-Bahn. Lange Rolltreppen führen 35 Meter nach unten zur Station „Krasnopresnenskaja“. Auf dem Vorplatz sitze ich eine Weile auf einer Mauer und entspanne. Die Straße in meinem Rücken hat nur sechs Spuren, ist demnach in Moskau schon fast als verkehrsberuhigt zu bezeichnen. Im

Sieben Schwestern

- Stalinhochhäuser
- Erbaut in den 1950er-Jahren

Zielgruppe
Jedermann, für Kinder evtl. langweilig

Bewertung
★☆☆

Hintergrund steht eine zweite Schwester aus dem architektonischen Septett. Bei dieser Schönheit handelt es sich um das Wohnhaus am Kudrinskaja-Platz. Zumindest in ihrer Jugend galten die 450 Wohnungen als eine äußerst vornehme Wohnadresse. Heute geht es in Moskau sicherlich exklusiver, aber prächtig und pompös sieht die alte Dame noch immer aus.

Aber gut, wie schon angesprochen, die Russen können auch modern. „Moskau-City"! Diese Glasfassaden sind doch wirklich beeindruckend, oder? Kathedralen der wirtschaftlichen Potenz Russlands und eine neue, moderne Skyline für die Hauptstadt! Nicht nur der Federazija-Tower als aktuell zweithöchster Wolkenkratzer Europas, sondern auch die Nummern 3–6 im europäischen Vergleich stehen hier, allesamt über 300 Meter hoch. Im Übrigen befindet sich auch das Lakhta Center als höchster Wolkenkratzer Europas auf russischem Boden, allerdings in St. Petersburg. Marc und ich sind beeindruckt. Eben noch zurück ins 15. Jahrhundert auf dem Arbat versetzt und keine 2.000 Meter Luftlinie entfernt bereits im

- Die höchsten Wolkenkratzer Europas am Ufer der Moskwa
- Aussichtsplattformen in einigen Gebäuden

Zielgruppe
Jedermann

Bewertung
★★☆

21. Jahrhundert in Manhattan. Hier dürften heute wohl einige der exklusivsten Apartments der Stadt zu finden sein. Im Wesentlichen wurden und werden aber Büros gebaut. Die Planung dauerte lange und fing bereits 1992 an. Zuerst einmal musste ein altes Hafengelände links des Flusses Moskwa plattgemacht werden. Durch den wirtschaftlichen Zusammenbruch der Planwirtschaft zu Beginn der 1990er-Jahre und der Weltwirtschaftskrise von 2008 kam das Vorhaben lange Zeit nicht recht vom Fleck. Seit einigen Jahren purzeln die Gebäude aber wie vom Fließband.

Marc verabschiedet sich dann Richtung Hostel, da er noch etwas erledigen will. Ich mache mich mit der Metro auf den Weg zu einem weiteren Superlativ: dem WDNH-Gelände. Sinngemäß wird hier auf einer parkähnlichen Fläche, in den Ausmaßen von mehr als 300 Fußballfeldern, den Errungenschaften der sozialistischen Sowjetrepubliken gehuldigt. Eine größere Selbstbeweihräucherungsanlage habe ich noch nicht erlebt. Ich meine das durchaus positiv, das Gelände ist absolut sehenswert und galt zu Sowjetzeiten als einer der größten Ausstellungskomplexe des Landes. Schon das Eingangsportal und die vorgelagerte Flaniermeile zeigen, dass auch hier geklotzt und nicht gekleckert wurde. Angelegt wurde die Anlage bereits 1939 als Landwirtschaftsausstellung. Nach dem Krieg wollte man sich diesbezüglich nicht mehr beschränken und hat auf der Anlage global einfach alles ausgestellt, worauf es sich als guter Sowjetbürger lohnte, stolz zu sein. Der Name WDNH „Ausstellung der volkswirtschaftlichen

Errungenschaften“ wurde beibehalten und lediglich um den Zusatz „der UdSSR“ gekürzt. Der Park sah vor einigen Jahren wohl noch ziemlich heruntergekommen aus, doch als guter Gastgeber der Fußballweltmeisterschaft hatte sich Russland entschlossen, den Fans aus aller Welt eine gepflegte Grünanlage mit sanierten Gebäuden zu präsentieren. Dies ist absolut gelungen. Vor dem zentralen und größten Pavillon Nr. 1 wird der Besucher natürlich von einer Lenin-Skulptur empfangen. Im Weiteren hat seinerzeit jede einzelne Sowjetrepublik mit einem eigenen Tempel einen Beitrag zum Gesamtensemble geleistet. Darüber hinaus gibt es noch zig weitere Ausstellungsgebäude zu diversen Themen. Meistens sieht es von außen aber bei Weitem schicker aus als von innen. In den Tempeln gibt es oftmals billige Souvenirgeschäfte und Klamotten einfachster Qualität.

Ein großes Museum der russischen Geschichte ist hier ebenso zu finden wie das größte Weltraummuseum des Landes. Denn Luftfahrtpioniere waren die Russen auch.

WDNH-Gelände

- Riesiges Ausstellungsgelände zum Flanieren mit Pavillons, Springbrunnen, Museen, Parks, Freiflächen
- Im Winter eine der größten öffentlichen Eislaufbahnen in Moskau

Zielgruppe
Jedermann, besonders Familien

Bewertung
★★★

Von der MIG über die Passagiermaschine vom Typ JAK bis zum unbekannten Militärhubschrauber. Und bitte nicht vergessen, es gibt dort auch eine Rakete zu sehen! Die Russen haben Juri Gagarin als ersten Menschen 1961 ins All geschickt. Ein paar Jahre zuvor im Übrigen auch den ersten Hund. Erinnert sich jemand an dessen Namen? Richtig, Laika! Im Unterschied zum Genossen Gagarin hat Laika ihren Ausflug 1957 allerdings nicht überlebt.

Für das überdimensionale, Moskvarium genannte Aquarium, welches hier auch zu finden ist, reicht meine Zeit nun beim besten Willen nicht mehr. Apropos überdimensional. Was bauen die hier nur für riesige Lautsprechertürme auf? Es scheint wohl ein Konzert zu geben und das bei diesem traumhaften Wetter. Herrje, mit 1½ Stun-

Der Blick aus dem in der 56. Etage des Imperia-Towers gelegenen „Moscow City Museum" ist beeindruckend. Imposant auch das WDNH-Gelände.

den bin ich wirklich nicht sonderlich weit gekommen. Für eine Jagd über die Freiflächen mit kurzem Blick in ein, zwei Pavillons hat es gereicht. Ich empfehle aber: Plant bei einem Besuch am besten einen ganzen Tag ein! Achso, von den 20 Millionen Besuchern pro Jahr wird im Übrigen für das Freigelände und viele der Pavillons kein Eintrittsgeld verlangt, alles für lau.

Zurück nach Moskau-City, wo ich unbedingt das „Moscow City Museum" besuchen möchte. Montags allerdings erst ab 17 Uhr geöffnet, jetzt ist es 18 Uhr. Perfekt. Hier erfährt der interessierte Besucher alles über das Projekt „Moskau-City". Vergangenheit, Gegenwart und Zukunft, es ist wirklich spannend. Eine kleine Bar für Cocktails und Snacks gibt es auch. Der Clou ist aber der Umstand, dass all dies in der 56. Etage des Imperia-Towers vermittelt wird! Die Aussicht aus 200 Meter Höhe über die Stadt ist ein wirkliches Highlight. Als ich heute Mittag mit Marc hier war, fragten wir einen der unzähligen umherwuselnden Büroangestellten im feinen Zwirn, die hier in den Schluchten der Hochhäuser ihre Mittagspause verbrachten, ob er wisse, wo es eine Aussichtsplattform gebe. Er hat uns, auf Kosten seiner Pausenzeit, sofort geholfen und uns in das Entree des Imperia-Towers geführt. Prominent in der Sichtachse steht der Mercury City Tower, 2012 eröffnet und 339 Meter hoch. Dann wurde schräg gegenüber der Oko Tower mit 354 Metern eröffnet und 2017 der Federazija Tower mit 374 Metern.

Die Zeit vergeht wie im Flug und ich bin wie im Rausch. Ich habe den unbändigen Drang, diese Stadt in all ihren Facetten kennenzulernen. Deshalb geht es nun flink zurück ins Hostel, für heute Abend ist Kultur angesagt. Der Gorki-Park! Marc ist mit einer Bekannten verabredet, also gehe ich gemeinsam mit Frederik, einem jungen Niederländer, mit dem ich heute Morgen im Hostel beim Tee ins Gespräch gekommen bin, zum Gorki-Park. Mit vollständigem Namen heißt er „Zentraler Maxim-Gorki-Park für Kultur und Erholung". Der Name ist dabei Programm: Die Erholung setzt unmittelbar nach Durchschreiten des beeindruckenden Entrees ein. Der Russe ist ein geselliger Mensch, der seine Freizeit gern an der frischen Luft verbringt. Das kann man hier auch hervorragend tun. Kleine Seen, Bootsverleih, Spiel- und Sportplätze, Open-Air-Konzerte. Das alles in einer äußerst entspannten, weitläufigen und gepflegten Atmosphäre. Ich bin allerdings nicht zum Tischtennis hier, wie eine Vielzahl von Moskowitern, sondern wegen des Sommerkinos. Frederik geht nach unserem Spaziergang zurück zum Hostel, da er morgen sehr früh abreist. Er war sehr beeindruckt, dass ich in russischer Sprache eine Eisverkäuferin fragen konnte, wo sich denn hier im Park das Kino befindet. Auch ich war von mir selbst beeindruckt. Die Eisverkäuferin wäre womöglich beeindruckter gewesen, wenn ich ein Eis gekauft hätte.

Das Kino *Garage Screen* ist ein Projekt vom Museum gegenüber, dem „Garage Museum of Contemporary Art" mit der größten Sammlung moderner Kunst in Russland. Ich freue mich irre auf den Film der gleich gezeigt wird. Auch diesen Programmpunkt habe ich mir bereits in

- Großer Freizeit- und Kulturpark mit Bootsverleih, Spiel- und Sportplätzen, Open-Air-Konzerten
- Garage Museum of Contemporary Art, größte Sammlung moderner Kunst in Russland

Zielgruppe
Jedermann, besonders Familien

Bewertung
★★★

Gorki-Park

Deutschland auf meine To-Do-Liste geschrieben. Der Film ist nach heutiger Definition nicht zwingend modern, eher visionär, aber auf jeden Fall ein wahres Kunstwerk! „Metropolis". Den Cineasten unter euch ist das Werk als einer der bedeutendsten Meilensteine der Filmgeschichte bekannt. Die Mutter aller Science-Fiction-Filme. Ein Stummfilm von 1927. Es ist ein deutscher Film, mit englischen Untertiteln, die wiederum russisch untertitelt sind. Gute zwei Stunden Laufzeit, auf den unbequemsten Stühlen, auf denen ich je saß. Die nach hinten geneigten Lehnen enden auf Schulterhöhe, sie sind viel zu kurz! Wohin mit dem Kopf? Der wird durch die Schwerkraft gnadenlos nach hinten gezogen. Nach fünf Minuten versagt zwangsläufig die Nackenmuskulatur eines jeden Kinobesuchers, der über 1,40 Meter groß ist. Ich rutsche im Stuhl so weit nach unten, dass der Kopf wenigstens im Ansatz von der Lehne gestützt wird. Die dadurch in der Luft schwebende

Lendenwirbelsäule kann ich mit meiner Jacke polstern. Dennoch, der Film ist ein wahres Meisterwerk und wurde als erster überhaupt in das Weltdokumentenerbe der UNESCO aufgenommen. Die Handlung spielt in einer futuristischen Großstadt, aber ich möchte nicht zu viel verraten, schaut ihn euch an.

Mit einer der letzten Metros fahre ich zurück ins Hostel. Um 1 Uhr in der Nacht ist Schicht im Schacht. Keine Bahn fährt dann mehr, alle Fahrer liegen zu Hause in ihren Kojen. Genau das, was ich jetzt auch vorhabe. Vorhang zu und Feierabend!

Erkenntnis des Tages

Ein deutscher Stummfilm in einem russischen Kino mit englischen Untertiteln ... ein internationaler Abend im Gorki-Park.

TAG 4 ДЕНЬ

Moskau Москвá — **Jekaterinburg** Екатеринбýрг — **Nowosibirsk** Новосибирск — **Irkutsk** Иркýтск — **Wladiwostok** Владивостóк

Platzkartnij für alle

Nun liege ich in meiner Koje in der Transsib, in einem mit gut 50 Leuten gefüllten Schlafwagen und bin tief berührt von der Herzlichkeit der russischen Menschen. Aber der Reihe nach.

Heute Morgen gehe ich mit Marc wieder frühstücken. In einem kleinen, gemütlichen Lokal. Das Wetter ist wie die Tage zuvor: sonnig, 27 °C. Auch diesmal sitzt die Zeit etwas im Nacken, da ich unmöglich Moskau verlassen kann, ohne den Kreml besucht zu haben. Wir nähern uns diesem über einige Umwege. Als erstes spazieren wir durch den Sarjadje-Park. Hier sieht alles noch sehr neu und wie vom Reißbrett aus, was nicht verwundert, denn er wurde erst 2017, zum 870. Jahrestag der Stadtgründung Moskaus, eröffnet. Direkt am Ufer der Moskwa, mit einer schwebenden Brücke darüber als Highlight. Vor Jahren stand hier noch mit dem Hotel *Rossija* das größte Hotel Europas, welches 2006 abgerissen wurde. Was sich durchaus gelohnt hat, das Time Magazine hat den Sarjadje-Park direkt in die Liste der „The World's Greatest Places To Visit“ aufgenommen. Die südliche Kremlmauer sehen wir schon von hier aus. Einen noch besseren Blick gibt es von der Brücke „Bolschoi Moskvoretski“. Wir sind hier im Herzen Russlands, vis-à-vis dem Kreml. Am Roten Platz queren wir das Lenin-Mausoleum. Hinter drei Metalldetektoren steht eine Menschenschlange von einigen hundert Metern Länge, um im besten Falle, nach einer Stunde anstehen, innerhalb von 30 Sekunden am einbalsamierten Leichnam des 1924 verstorbenen Gründers der Sowjetunion vorbeigescheucht zu werden. Sicher interessant, aber ohne uns.

Um die Ecke ist das Kassengebäude zum Kreml: unser Ziel. Leider ist die Schlange ähnlich lang. In sengender Hitze. Kein Schatten. Ohne weinerlich wirken zu wollen, muss ich erwähnen, dass ich heute etwas indisponiert bin. Die Symptome deuten auf einen Sonnenstich vom gestrigen Tage hin. Dazu meine zwei Empfehlungen des Tages: Erstens, wenn ihr zehn Stunden in der Sonne seid, tragt eine Mütze! Zweitens, bevor ihr euch eine Stunde in die Schlange vor dem Kassengebäude des Kremls stellt, schaut erst, wo die Schlange endet! Beides habe ich nicht gemacht. Für den Eintritt auf das Gelände der Kreml-Festung gibt es im Kassengebäude Automaten ohne Schlange. Für den zusätzlichen Eintritt in die Waffenkammer muss man sich am Schalter anstellen. Ich will die Waffenkammer nicht besichtigen und stehe eine Stunde umsonst in der Schlange. Nun gut, Marc leistet mir beim Anstehen Gesellschaft und geht dann zum Hostel zurück. So durchschreite ich allein den Zugang zum Kreml, der Stadtbefestigung aus dem 15. Jahrhundert, durch den Dreifaltigkeitsturm. Um ehrlich zu sein, schleppe ich mich mehr in diese russischste aller Befestigungsanlagen. Gebt bei Google mal die Stichworte „Symptome“ und „Sonnenstich“ ein, ich habe sie alle. Aber es muss immer weitergehen, schließlich bin ich nicht alle Tage im ältesten Teil der russi-

Sarjadje-Park

- 2017 angelegter Landschaftspark auf dem Gelände des ehemaligen größten Hotels Europas „Rossija“
- Direkte Nachbarschaft zum Roten Platz

Zielgruppe Jedermann

Bewertung ★★☆

Kreml

- Stadtbefestigung aus dem 15 Jh.
- Herz und Regierungssitz Russlands

Zielgruppe Jedermann

Bewertung ★★☆

schen Hauptstadt und im Zentrum der Macht der russischen Föderation.

Hinter den Befestigungsmauern werde ich mit dem Strom der Besucher als erstes auf den Kathedralenplatz gespült. Hier, an der höchsten Stelle des Kremlhügels, befinden sich die fünf erhaltenen kirchlichen Bauwerke des Kremls. Die Warteschlangen sind gar nicht so lang, die Menschen verteilen sich auf die verschiedenen Kathedralen. Ich stürze mich auf die Erzengel-Michael-Kathedrale. In ihr sind etliche der vor 1700 verstorbenen russischen Zaren begraben. Ein herrliches Bauwerk. Schatten, kühl, leider keine Sitzgelegenheiten. So wandele ich noch ein wenig durch die Grünanlagen mit den hübschen Blumenrabatten. Eine Flasche Wasser kaufe ich mir nicht, die kostet hier das Dreifache von dem, was sie vor dem Kreml kostet. Aber vor dem Kreml gibt es eben auch nicht so viele Highlights. Zum Beispiel die Zarenkanone von 1586, laut Guinness-Buch der Rekorde die größte Haubitze der Welt.

Nach einer Stunde kann ich nicht mehr. Zum Glück hat mir meine Mutter „Imodium akut“ mitgegeben! Also zurück ins Hostel und fertigmachen für die Transsibirische Eisenbahn! Zwei Stunden später schaffe ich den Weg zum Bahnhof, mit Sack und Pack und trotz meines angeschlagenen Zustandes doch ganz gut. Die letzten drei Tage waren nur die Ouvertüre. Heute geht es erst richtig los. Es beginnt die Reise durch die Russische Föderation. Auf zum Pazifik!

Die Waggonreihe wird eine gute halbe Stunde vor Abfahrt von einer Rangierlok in den Jaroslawler Bahnhof gezogen. Der Jaroslawler Bahnhof ist der Ausgangspunkt der Transsibirischen Eisenbahn, von hier aus geht es in den Ural, nach Sibirien, nach Fernost sowie in die Mongolei und nach China. Ein wenig aufpassen muss man schon, sonst steht man nicht nur am falschen Gleis, sondern womöglich im falschen Bahnhof. In unmittelbarer Nachbarschaft zum Jaroslawler Bahnhof befinden sich zwei weitere große Fernbahnhöfe: der Leningrader Bahnhof und der Kasaner Bahnhof. Die Russen fahren halt gern Eisenbahn.

Die Fahrgäste platzieren sich vor den verschlossenen Waggons und warten diszipliniert. Meine Fahrkarte weist mir Waggon Nummer 1 zu. Direkt hinter der Lok. So stelle auch ich mich geduldig in die Warteschlange vor Waggon 1, in den schmalen Schatten eines Strommasten, die Sonne ist wirklich unerbittlich. Ich sehe ganz schön viele Fahrgäste, wenn die tatsächlich gleich alle einsteigen wollen, wird es kuschelig. 54 Passagiere dürfen mit, so steht es an der Waggontür. Immerhin sehe ich keine Hühnerkäfige oder an den Beinen zusammengebundene Ziegen. Man hat halt so seine Vorstellungen von einer Fahrt in der 3. Klasse Transsib. Dann kommt Bewegung in die Szenerie. Die Schaffnerin erscheint wie der Messias in der sich öff-

Transsibirische Eisenbahn

Das sich stetig vergrößernde Russische Reich konnte nicht mehr mit Pferdekutschen durchquert werden. Dies galt insbesondere für den Transport von sibirischen Bodenschätzen und Rohstoffen. Zar Alexander III. entschied daher, eine Eisenbahnverbindung zu bauen. Der erste Spatenstich erfolgte 1891 bei Wladiwostok. Es wurde gleichzeitig in verschiedenen Regionen an der Strecke gebaut, die 1916 fertiggestellt wurde und heute über 9.288 Kilometer von Moskau nach Wladiwostok reicht.

nenden Tür. Mein von mir bereits in Deutschland über eine britische Internetseite gekauftes elektronisches Ticket wird von der jungen Schaffnerin freundlich geprüft und mit dem Reisepass abgeglichen. Der von mir vorsorglich bereitgehaltene Papierausdruck ist dabei gar nicht nötig, alle Daten sind bereits im Handscanner der Schaffnerin gespeichert. Respekt für diesen reibungslosen Datentransfer meiner Buchung aus Köln über die Server der russischen Staatsbahn in das Handgerät der Schaffnerin am Jaroslawler Bahnhof. Es gibt nichts zu beanstanden und ich darf an Bord. Für die allermeisten meiner Mitreisenden wird der Zustieg in den Waggon an Belanglosigkeit nicht zu überbieten gewesen sein, für mich hat der Zustieg die Bedeutung einer Reise zum Mars. Ich laufe den schmalen Gang entlang, links und rechts die durchnummerierten Doppelstockliegen. Die Fahrgäste richten sich ein, ziehen bequeme Hosen an und T-Shirts aus. In meiner Vierer-Nische sitzen bereits zwei ältere Frauen. Ich grüße mit einem freundlichen *Strastwujtje,* was freundlich erwidert wird, verstaue den Rucksack und tausche die Schuhe gegen Flipflops. Ein weiterer Russe komplettiert unser Quartett. Uns gegenüber, auf der anderen Seite des Ganges, sitzen zwei junge Russinnen. Der gesamte Waggon ist mit 54 Passagieren voll belegt. Pünktlich um 16:38 Uhr startet die 25-stündige Reise ins 1.668 Kilometer entfernte Jekaterinburg. Fahrtrichtung Osten.

Bereits nach kurzer Zeit entwickelt sich ein kleines Gespräch mit der älteren Frau neben mir. Sie bietet mir ihren Fensterplatz an, da mir mein Gefühl zum Mars zu reisen wohl auch anzusehen ist. Ich erzähle, dass dies meine erste Reise mit der Transsib ist. Nach einer Weile tauschen wir wieder die Plätze, da sie am Tischlein an der Fensterseite ihr mitgebrachtes Abendessen auspacken will. Ich wechsel diagonal über den Gang, ans Fenster hinüber zu Valerij, einem jungen Studenten aus Moskau, der auf dem Weg zu seiner Großmutter nach Jekaterinburg ist. Die Stimmung im Zug ist sehr entspannt. Die Fahrgäste lesen, schauen aus dem Fenster oder unterhalten sich ruhig. Die Schaffnerin sammelt Fahrkarten ein, verteilt Bettwäsche und verbreitet ein Gefühl der Geborgenheit. Alles easy, alles läuft seinen Gang.

Draußen wechseln sich Birkenwälder mit Kiefern ab. Ich bin fasziniert und beeindruckt von der Gesamtsituation. An einem Ende des Waggons befinden sich zwei Toilettenkabinen mit Waschbecken, am anderen Ende die Kabinen der beiden Schaffnerinnen und der *Samowar.* Am *Samowar* gibt es heißes Wasser für Tee und 5-Minuten-Terrinen. Beides wird von den russischen Passagieren ständig durch den Gang getragen. Ich habe mich hier auf dem Mars noch nicht groß bewegt, da ich befürchte, von allen anderen Fahrgästen als Fremdling erkannt und beäugt zu werden, sobald ich einen Schritt durch den Gang laufe. Meine Fantasie spielt mir hier wohl einen Streich und nach einer kurzen Zeit des Zögerns hole ich mir auch heißes Wasser, Teebeutel habe ich dabei! Am *Samowar* hilft mir die Schaffnerin Katarina bei der Bedienung und versorgt mich mit einem Teeglas. Und sie ist so freundlich, einen Schnappschuss mit Alexej zu machen. Alexej ist ein

Fahrgast und fragte mich gerade wohin ich denn fahre: Der Beginn einer tollen Freundschaft für die weitere Fahrt.

Als Ausländer ist man hier in der 3. Klasse schon eher ein Unikum … erst recht als Westeuropäer. Die wenigen, die mit den Regelzügen der Transsibirischen Eisenbahn reisen, erwartet man eher in der 1. oder 2. Klasse, dabei spielt sich das wahre Leben doch hier, in der 3. Klasse, ab. Um 18 Uhr fangen die meisten Leute an, ihre Betten zu beziehen. Die von der Eisenbahn gestellte Bettwäsche ist blütenweiß, ebenso die Handtücher, auch die Toiletten sind sauber. Ich habe vor der Reise extra noch ein Reisehandtuch und ein Schlafsack-Inlett gekauft, das hätte ich mir aber sparen können, hier ist alles picobello. Die zwei Schaffnerinnen, von denen Katarina die Tagschicht hat, sorgen für Ordnung und Sauberkeit. Ab 20 Uhr liegen die meisten Fahrgäste bereits im Bett.

Vier Reisende allerdings noch nicht. Sie sitzen in der Mitte des Wagens, zu beiden Seiten des Ganges, und führen anregende Gespräche: Valerij, Alexej, Roman und ich. Währenddessen habe ich eine weitere Erkenntnis: Sei den Menschen gegenüber offen und aufgeschlossen und es passieren wunderbare Dinge. Ich war skeptisch gegenüber Alexej, der er mit mir an den Zwischenstopps immer spazieren gehen wollte. Und ich war skeptisch gegenüber Roman, nachdem er mir erzählte, dass 1½ Flaschen Wodka für ihn kein ungewöhnlicher Konsum wären. Und nun sitzen wir zusammen wie eine Clique, wie Kumpels eben. Die Jungs haben mich in die Runde aufgenommen wie einen der ihren und ich fühle mich dazugehörig und fast schon ein bisschen wie ein Russe. Aber auch für sie ist es ein eher außergewöhnliches Erlebnis, sie kannten sich vorher ja ebenso wenig. Ich schäme mich wegen meiner ganzen Vorurteile. Kein einziges hat sich bewahrheitet. Um 22 Uhr dimmt die Schaffnerin die Beleuchtung und mahnt uns, nur noch zu flüstern.

22:30 Uhr: Hoch auf die obere Pritsche, schlafen. Mein Gott schnarcht Roman laut, und das nur 90 Zentimeter neben meinem Ohr.

Erkenntnis des Tages

Wenn ihr euch in eine Schlange stellt, schaut erst, wo sie endet.

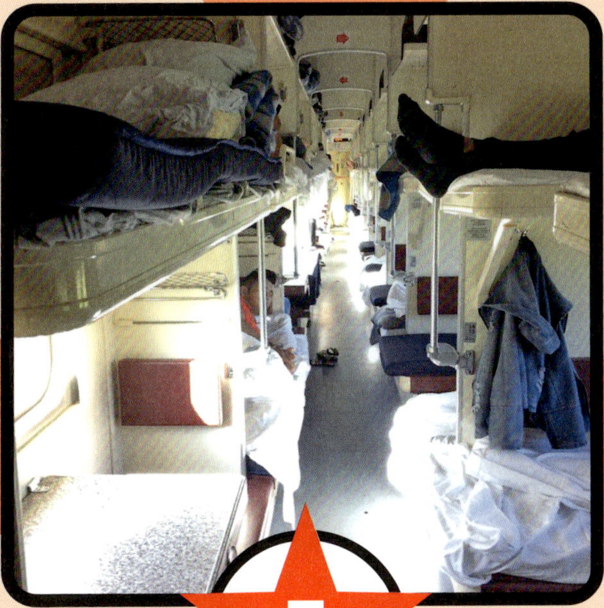

TAG **5** ДЕНЬ

Moskau Москвá — **Jekaterinburg** Екатеринбýрг — **Nowosibirsk** Новосибирск — **Irkutsk** Иркýтск — **Wladiwostok** Владивостóк

Die erste Nacht

Nachdem ich die vergangenen drei Nächte in Moskau jeweils nur vier bis fünf Stunden geschlafen habe, ging ich davon aus, all den fehlenden Schlaf in der Transsib nachholen zu können. So plante ich, meinen müden Körper acht Stunden schlafen zu lassen! Was glaubt ihr, wie viele es geworden sind? Sieben, sechs, fünf? Alles falsch: drei! Ich hatte den Einen, den mächtigsten Schnarcher im ganzen Zug, direkt neben mir liegen. Roman! Ich will mir nicht ausmalen, wie er sich anhört, wenn er vorher die von ihm erwähnten 1½ Flaschen Wodka getrunken hat. Irgendwann wurde er ruhiger, was mir fast Sorgen bereitete. Ich nahm meine Ohrstöpsel aus den Ohren, um zu hören ob er noch lebt. Er lebte noch … alles gut! Die Ohrstöpsel habe ich trotzdem wieder in die Ohren gesteckt.

Aber ich verrate euch was: Roman war gar nicht das alleinige Problem. Vielmehr waren es meine Emotionen, die mich vom Einschlafen abhielten. Ich habe mich so sagenhaft unbeschwert gefühlt. Als Passagier in dem durch die Dunkelheit donnernden Schnellzug, die Finsternis lediglich durch die schmalen Lichtkegel der drei Positionsleuchten des Zuges zerschnitten. Im Minutentakt pfiff das Signalhorn der Lokomotive direkt vor unserem Waggon und verkündete der russischen Weite unsere Existenz. Der Wagen wankte und schwankte, jede einzelne Schweißnaht der Schienen war zu hören und zu spüren … babambabam, babam-babam … dazu noch Romans Schnarchen grrrr-grrrr, grrr-grrr. Eine Soundkulisse wie im Hollywood-Blockbuster! Und dennoch spürte ich einen so tiefen inneren Frieden, wie ich mich nicht entsinnen kann, ihn jemals gespürt zu haben. Auf meiner Pritsche, leicht hin und her schaukelnd, in der blütenweißen Bettwäsche, inmitten von 50 schlafenden Russen. Mein Kopfkino überschlug sich. In den letzten Jahren hatte ich immer mal wieder an eine Reise mit der Transsibirischen Eisenbahn gedacht, aber nur so, wie man eben an irgendetwas denkt, dessen Umsetzung eher unwahrscheinlich ist. Doch nun war ich hier, im Liegewagen der russischen Staatsbahn. Ich habe jede einzelne Sekunde ausgekostet, es war unmöglich einfach so einzuschlafen.

Nun gut, irgendwann schlief ich dann doch ein.

Bereits um 4 Uhr früh, es ist draußen schon erstaunlich hell, setzt im Zug zwar geräuschgedämmtes, aber emsiges Treiben ein. Ein Teil der Passagiere bereitet sich auf den nächsten Halt des Zuges in Kasan vor. Bettwäschen werden abgezogen, Taschen und knisternde Tüten gepackt. Die bequeme Jogginghose wird mit der adretten Jeanshose getauscht, die Damen überprüfen und korrigieren in den allermeisten Fällen ihr Make-up, die Schaffnerin gleicht die sich fertig-

Wodka

Wodka ist wohl eines der bekanntesten Getränke, die mit Russland in Verbindung gebracht werden, dabei hat er historisch gesehen seinen Ursprung in Polen. Die vom russischen Wort „Wasser" abgeleitete Spirituose hat in der Regel 40 Volumenprozent Alkohol und gilt als sehr rein. Als Grundlage dienen Getreide oder Kartoffeln. Wodka ist aber nicht einfach nur ein Schnaps, sondern ein Lebensgefühl. Empfängt ein Russe liebe Gäste in seinem Haus, fehlt es nie an reichlich Speisen und einer Flasche Wodka, aus der ein ums andere Mal die Gläser gefüllt und diese stets mit einem herzlichen Trinkspruch geleert werden.

machenden Passagiere mit den eingesammelten Fahrscheinen ab und weckt sanft einige Langschläfer mit dem Reiseziel Kasan. Jaja, in Kasan steigt man nicht halb verwahrlost aus dem Zug, man wirft sich in Schale.

800 Kilometer östlich von Moskau sind wir hier in der Hauptstadt der autonomen Republik Tatarstan. Tatarstan gilt als eine der reichsten Republiken innerhalb der russischen Föderation. Erdöl, Erdgas, Fahrzeugbau und Chemie tragen zum Wohlstand bei. Die Tataren fielen vor hunderten von Jahren mit der Invasion der Mongolen ins Land ein. Nach dem Ende der Mongolenherrschaft blieben sie in Russland und bilden heute mit knapp 50 % die größte Bevölkerungsgruppe in Tatarstan. In Kasan selbst leben über eine Million Einwohner und im Unterschied zu den meisten anderen Städten entlang der Transsib ist Kasan mit seiner 1.000-jährigen Geschichte eine ziemlich alte Stadt. Ich nutze den 25-minütigen Stopp für einen Morgenspaziergang rund um das prächtige Bahnhofsgebäude. An der Sicherheitsschleuse in einem Nebengebäude des Bahnhofes darf ich anstandslos vorbeigehen, hoffentlich lassen sie mich auch gleich wieder

Transsibirische Eisenbahn

Man kommt nur mit einem personalisierten Ticket in den Zug, da passen die Schaffnerinnen genau auf. Ich empfehle, die Tickets vorher online zu kaufen. Ich habe dafür die Seite www.realrussia.co.uk genutzt. Für die Übernachtungen im Zug benötigt man keine eigene Campingausrüstung. Bettwäsche, Handtuch, Teeglas etc. bekommt man alles in absolut sauberem Zustand von der Schaffnerin. In den WC-Kabinen gibt es Klopapier, das ganze Abteil wird mehrmals täglich durchgewischt. Gemütliche Wechselklamotten für die Reise sind empfehlenswert, ebenso Ohrstöpsel für die Nacht. Essen und Getränke bringen sich die meisten Fahrgäste mit, man kann sich aber auch unterwegs bei den Bahnhofsaufenthalten an Kiosken oder bei fliegenden Händlern versorgen.

rein. Herrlich, diese frische Luft in der Morgensonne mit ihren langen Schatten. Der Bahnhofsvorplatz liegt noch in seeliger Ruhe, aber was soll hier um 5 Uhr morgens auch schon los sein. Zu gern würde ich mehr von dieser modernen Stadt sehen. Und von der Wolga, die 200 Meter entfernt auf der anderen Seite des Bahnhofs entlangfließt. Die Erinnerung des deutschen Fußballfans an Kasan ist allerdings eher traumatischer Natur. Schließlich wurde im hiesigen Stadion „Die Mannschaft" im letzten Gruppenspiel der Fußball-WM 2018 von Südkorea aus dem Turnier gekickt.

Auch der Bahnsteig wird schon mit einem kurzen, nicht mehr ganz neuen Besen gefegt. Aber verehrtester Bahnhofsvorsteher, bitte sorgen Sie doch für geeignetes Arbeitsgerät, wenn das die Berufsgenossenschaft sieht! Ich weiß nicht, wie sehr die Russen unter Rückenschmerzen leiden, aber bei den Reinigungskräften im Kasaner Bahnhof werden sie bestimmt überdurchschnittlich sein.

Auf dem Gleis scharrt schon die stolze Lokomotive 715 mit ihren Fahrgestellen. Sie möchte weiter, raus aus der Enge des Bahnhofs, hinein in die Freiheit der russischen

Kasan – Hauptbahnhof

- Historisches Bahnhofsgebäude mit rot-brauner Außenfassade

Zielgruppe
Jedermann

Bewertung
★★☆

Landschaft. Bisher hat sie hervorragende Arbeit geleistet und alle 14 Waggons sicher hinter sich hergezogen. Mit welcher Geschwindigkeit sie dabei zu Werke geht, steht klein auf ihrer Flanke „Konstruktionsbedingte Höchstgeschwindigkeit 140 km/h."

Bei diesem Halt verlässt rund die Hälfte der Passagiere den Zug, neue Fahrgäste kommen nicht hinzu. Für den Reisenden nach Kasan ist es komfortabel, nachmittags um 16:30 Uhr in Moskau in den Zug einzusteigen und nach einer entspannten Nacht morgens um 5 Uhr in Kasan wieder auszusteigen. Das Ganze für 40 €, als Tourist habe ich 60 € bezahlt. Völlig in Ordnung.

Meine Nische ist komplett geräumt. Roman weg, die beiden Damen weg. Fast ein bisschen einsam. Also steige ich wieder oben rechts in meine Koje und schlafe nochmals drei Stunden. Herrlich, das Geratter und Geschaukel. Diesmal habe ich meine Gefühle schon besser im Griff und döse recht schnell ein. Ich bin aber auch wirklich müde. Als ich aufwache, ist der Zug bereits kurz vor dem nächsten Halt in Agrys. Alexej sitzt auf der Bank schräg unter mir und will sich verabschieden. Es tut mir leid, dass ich so lange schlief, so konnten wir uns nicht mehr großartig unterhalten. Wer weiß, wie lange er schon dort saß. Er steigt in Agrys aus und natürlich machen wir noch ein Abschiedsfoto. Ein wirklich herzlicher Russe, der sich, nach zwei Wochen arbeiten in Moskau, auf Frau und Sohn freut.

Agrys ist eine kleine Stadt mit kaum 20.000 Einwohnern. Man lebt hier von Landwirtschaft und der Eisenbahn. Da noch ein wenig Zeit bis zur Weiterfahrt des Zuges ist, laufe ich wieder eine Runde um den Bahnhof.

Die Bahnhöfe geben immer einen sofortigen Eindruck, was man von der Stadt zu erwarten hat. Der Bahnhofsvorplatz von Agrys zeigt mir, dass ich in der Provinz bin. Eine staubige Dorfstraße, die hier ausgestiegenen Fahrgäste verschwinden schnell in staubigen Autos und Kleinbussen, ansonsten wenige Menschen auf der Straße. Aber trotz des provinziellen Charakters ist das altehrwürdige Bahnhofsgebäude gut in Schuss und architektonisch durchaus eine Augenweide.

Nun schaue ich im größtenteils leeren Zug aus dem Fenster. Das Erblickte ist monoton, aber keineswegs langweilig. Wälder, Felder, Wiesen, ab und an kleine Siedlungen mit bunten Holzhäusern. Ich als Reisender betrachte sehnsüchtig diese beschauliche, heile Welt, wohlwissend, dass die Menschen da draußen ihre Lebenssituation wahrscheinlich etwas nüchterner beurteilen. In der Zwischenzeit haben wir Tatarstan verlassen und durchqueren nun den südlichen Teil der Republik Udmurtien. Eine Volkszählung hat ergeben, dass von den hier lebenden 1,5 Millionen Menschen 1.238 Einwohner deutscher Abstammung sind.

Im nahezu leergefegten Zug habe ich nun reichlich Platz. Kein Vergleich zu gestern Nachmittag bei der Abfahrt in Moskau, als der Waggon mit Mensch und Gepäck vollgestopft und jeder Platz und jede Ablage belegt war. Je näher wir Jekaterinburg kommen, desto mehr leert sich der Zug. Darüber bin ich erstaunt. Ich kann mir nicht vorstellen, dass niemand in diese große und wirtschaftlich boomende Stadt reisen möchte. Aber womöglich wird eher das Flugzeug genutzt, um von Moskau nach Jekaterinburg zu kommen. So genieße ich, zum ersten Mal seit vier Tagen, für ein paar Stunden diesen Müßiggang. Niemand da zum unterhalten. Einfach mal die Klappe halten. Es ist herrlich, so vor sich hin zu dämmern. Ich schaue aus dem Fenster links auf meiner Seite. Dann setze ich mich auf die leeren Plätze auf der anderen Gangseite und schaue hier aus dem Fenster. Gerade rechtzeitig, als der Zug bei Sarapul den Fluss Kama auf einer gut 400 Meter langen Brücke überquert. Durchaus ein Highlight! Mit 1.805 Kilometern ist der Kama der längste Nebenfluss der Wolga im europäischen Teil Russlands.

Die Tätigkeiten in der Transsib beschränken sich heute bei mir tatsächlich auf schlafen und aus dem Fenster gucken. Und Teetrinken! Der Gang zum *Samowar,* Heißwasser zapfen in das ausgeliehene Teeglas von Schaffnerin Katarina, schon fast ein Ritual.

Langsam ändert sich nun die Landschaft. Es wird hügeliger. Wir haben den Ural erreicht. Das 2.400 Kilometer lange Gebirge zieht sich in Nord-Süd-Richtung durch Russland und hat insbesondere im Norden durchaus hohe Berge zu bieten. Hier im mittleren Teil bei Jekaterinburg ist der Ural allerdings recht flach und kaum als Gebirge zu erkennen. Dafür erreicht er hier seine größte Breite und ist voll von Bodenschätzen – Erze, Kohle, früher auch Malachit – ein Schlaraffenland für jeden Geologen. Davon kann ich mich beim letzten Halt vor Jekaterinburg in der Ortschaft Druzhinino überzeugen. Auf dem Großteil der Gleisanlagen parken endlos lange Kolonnen von Kohlewaggons, die auf ihre Weiterfahrt in eine der zahlreichen Metallurgie-Kombinate warten. Die

Siedlung Druzhinino selbst entstand in den 1910er-Jahren und hat nur ein paar tausend Einwohner. Aber auch hier steht ein sehr gepflegtes, kleines Bahnhofsgebäude. Offensichtlich ist es der russischen Staatsbahn sehr wichtig, uns Reisenden der Transsib an allen Haltepunkten ansehnliche Architektur zu präsentieren. Mein Spaziergang beschränkt sich auf die Fußgängerbrücke, die alle Gleise überspannt, da ich keinen großen Ausflug unternehmen will. Dabei wäre die Zeit da, denn es steht ein Lokwechsel an. Die Lok, die uns so klaglos gezogen hat, macht nicht etwa schlapp: Richtung Osten geht es ab jetzt statt mit Wechselstrom mit Gleichstrom weiter. 715 kann sich eine wohlverdiente Ruhepause genehmigen. Sie wird sicher drei Kreuze machen, wenn sie einen der nächsten Personenzüge im Wechselstromnetz zurück nach Moskau ziehen darf und nicht vor eine 100er-Kolonne von Kohlewaggons gespannt wird.

Nach 30 Minuten steigen die verbliebenen Fahrgäste wieder in ihre Wagen und mit neuer Lokomotive fahren wir die restlichen 88 Kilometer ans Ziel unserer Reise. Um 20:05 Uhr Ortszeit endet die Fahrt im Bahnhof von Jekaterinburg. Pünktlich auf die Minute, nach 1.668 Kilometern. Zwei Stunden später als ich gedacht habe. Auf meinem Ticket und der Uhr im Zug steht 18:05 Uhr. Das ist die Moskauer Zeit, in der das gesamte russische Eisenbahnsystem tickt. Obwohl ich wusste, dass zwischen Moskauer Zeit und lokaler Zeit unterschieden wird, habe ich letztendlich doch den Überblick verloren. Zum Glück habe ich heute keinen Termin mehr. Ich hoffe nur, ich verpasse in drei Tagen nicht meinen Zug nach Nowosibirsk, weil ich mit den Zeiten durcheinanderkomme.

Der Empfang in Jekaterinburg fällt recht kühl aus. Bestimmt 10 °C kälter als in Moskau, dazu regnerisch. Heute habe ich keine Motivation mehr, mich für die Stadt zu interessieren. Mit gezücktem Regenschirm gehts zu Fuß zum Hostel, der große Rucksack auf dem Rücken, der kleine Rucksack vor der Brust. Eine Stunde dauert der Weg zum Hostel, trotz dessen zentraler Lage. Großstadt eben, hier leben knapp 1,5 Millionen Einwohner. Dort angekommen, futtere ich den restlichen Reiseproviant, dusche und gehe ins Bett. Die nächsten Tage kann ich weiter an meinen Russischkenntnissen arbeiten, hier spricht anscheinend niemand Englisch.

Erkenntnis des Tages

Die nächtliche Soundkulisse
in der Transsib ist oscarreif!
Das babam-babam der Schienenstöße mischt sich mit dem grrr-grrr
der schnarchenden Fahrgäste
und dem pfeifenden Signalhorn
der Lokomotive.

TAG **6** ДЕНЬ

Moskau
Москвá

Jekaterinburg
Екатеринбýрг

Nowosibirsk
Новосибирск

Irkutsk
Иркýтск

Wladiwostok
Владивостóк

Auf dem Strich

Meine Befürchtungen einer gestörten Nachtruhe sind nicht eingetreten, ich habe ausgezeichnet geschlafen! Beim Anblick der Mücken gestern Abend über meinem Bett ist mir schon ganz anders geworden, zumal ich der Einzige der vier Bewohner bin, der einen oberen Schlafplatz in einem der vier Doppelstockbetten zugewiesen bekommen hat. Also voll in der Kampflinie von Mücken und anderem fliegenden Getier. Nun, dann habe ich beim Erschlagen wohl alle erwischt. Für den Argentinier schräg unter mir war es sicher ein nettes Programm, dem Deutschen mit dem Pantoffel in der Hand beim Mückeneliminieren zuzuschauen.

So bin ich für die heutige ganztägige Stadtbesichtigung außerordentlich fit. Dafür haben sich die Jekaterinburger etwas Besonderes einfallen lassen. Eine rote Linie („Krasnaja Linija“) weist den Weg zu den wichtigsten Sehenswürdigkeiten quer durch die ganze Stadt. So muss ich mir auf einem Rundkurs von 5,5 Kilometern Länge keine Sorgen um die Navigation machen. Zuvor hat mir Sveta noch den Weg zu einem Restaurant zum Frühstücken erklärt. Es liegt nur fünf Minuten zu Fuß entfernt und heißt *Gabel & Löffel*. Sveta, ich schätze sie auf Anfang Zwanzig, ist eine Mitarbeiterin des Hostels. Sie spricht so wunderbar Russisch, aber weder Deutsch noch Englisch. Wenn wir mit Russisch nicht weiterkommen, nutzt sie zum Übersetzten ein Übersetzungsprogramm auf ihrem Handy. Das macht es mir wirklich einfach. Noch einfacher wäre es allerdings, wenn sie als Zielsprache in dem Programm „Deutsch" statt „Englisch" wählen würde.

Jedenfalls finde ich das Restaurant und für umgerechnet 2,50 € genieße ich ein ordentliches Frühstück. Auf der vierspurigen Straße davor ist Großbaustelle. Der Fahrbahnbelag ist bereits auf einer Tiefe von 20 Zentimetern abgefräst und grob zusammengekehrt, Gullydeckel und die mittigen Straßenbahngleise ragen allerdings noch auf ihrem ursprünglichen Niveau hervor. Für mich kein Thema, vom Fußweg aus in die Baugrube zu steigen, rüber zum Restaurant zu laufen und wieder raus aus der Baugrube. Aufpassen muss ich lediglich auf Autos, Lkw und Straßenbahnen, die hier im Berufsverkehr durch die Baustelle fahren, der abgefräste Asphalt kracht nur so in die Radkästen und an die Kotflügel. Darum macht man sich aber offensichtlich keine Sorgen. Warum auch, schließlich gibt es keine Absperrungen. Also immer munter durch!

Für deutsche Verhältnisse ist Jekaterinburg mit seinen knapp 300 Jahren recht jung. Und apropos deutsch: Einer der beiden Stadtgründer, Georg Wilhelm Henning, war deutscher Offizier und Kaufmann und seinerzeit in russischen Diensten tätig.

Gegründet wurde Jekaterinburg auf Erlass des Zaren Peter I. (das ist der Große) als Fabrikstadt, um die Entwicklung der Metallverarbeitung und die weitere Erschließung des Urals voranzutreiben. Zwischen Deutschland und Russland herrschte über Jahrhunderte hinweg ein reger wirtschaftlicher und kultureller Austausch. Bei einem Blick auf die angespannten deutsch-russischen Beziehungen der letzten Jahrzehnte mag man dies gar nicht glauben. Die Zaren und ihre Regierungen legten die Geschicke des Russischen Reiches immer wieder in die Hände von deutschen Generälen, Ärzten und Wissenschaftlern, darunter auch Frauen.

Die beeindruckendste Karriere konnte dabei wohl die in Pommern geborene Prinzessin Sophie Auguste Friederike von Anhalt-Zerbst vorweisen, die erst den späteren russischen Zaren Peter III. heiratete und anschließend sogar selbst den Thron bestieg, um als „Katharina die Große" das Land 34 Jahre lang zu regieren und zu reformieren. Jekaterinburg ist im Übrigen von Katharina abgeleitet. Allerdings nicht von unserer deutschen Prinzessin, sondern von ihrer Schwiegeroma, Katharina I.

Heute ist Jekaterinburg, wie viele der großen russischen Städte, sehr modern. Man muss sich nur die Skyline anschauen. Nach dem Zusammenbruch des Kommunismus und der Überwindung der Schockstarre in den ersten Jahren danach wird auch hier geklotzt statt gekleckert. Alles neu gebaut. Gas, Öl und sonstige Rohstoffe haben reichlich Devisen ins Land gespült. Die guten alten Holzhäuser der Vorfahren sind immer seltener zu sehen, und wenn mal eines da ist, wird ihm von den Emporkömmlingen ganz schön die Luft genommen.

Zarentum

Die Geschicke Russlands wurden über Jahrhunderte von seinen Zarinnen und Zaren bestimmt. Das einflussreichste Herrschergeschlecht waren die Romanows, die von 1613 bis zum Ende des Zarentums durch die Revolution 1917 das Imperium stetig vergrößerten und 20 Herrscher stellten. Der Titel Zar ist vom römischen Kaisertitel Cäsar abgeleitet.

Gegen Vormittag führt mich die rote Linie auf den ältesten und wichtigsten Platz in Jekaterinburg, den Platz 1905. Er wurde seinerzeit von den Bolschewiken umbenannt, zu Ehren der kommunistischen Revolutionäre, die bei Massenunruhen im Jahr 1905 ums Leben kamen. Auf der einen Seite des Platzes befindet sich das Rathaus, ein schöner Sowjetbau mit goldenem Stern auf der goldenen Turmspitze, während die andere Seite von einem Parkplatz dominiert wird. Und es gibt keine russische Stadt ohne ein Denkmal des Gründers der Sowjetunion in zentraler Lage.

Nach einem Tag in der Transsib fasziniert es mich wieder auf Entdeckungstour zu gehen. Schon klar, Jekaterinburg ist kein Vergleich zu Moskau. Aber keine russische Stadt, außer vielleicht St. Petersburg, lässt sich mit Moskau vergleichen. Jekaterinburg erscheint mir als authentische Stadt mit interessanter Geschichte, aber nicht übermäßig vielen ausländischen Touristen. Beeindruckt bin ich von den vielen Einkaufstempeln in jeder Größenordnung, denn egal in welcher Stadt, die Russen scheinen sich einig zu sein, dass sie ihre hartverdienten Rubel direkt wieder in den Kreislauf des Geldes zurückführen müssen. Am Platz 1905 stehen gleich zwei dieser Konsumgiganten. Kaum zehn Minuten entfernt, in direkter Nähe zu meinem Hostel an der Metrostation „Geologicheskaya“, kann man ein weiteres dieser Kaufhäuser betreten und gefühlt erst am anderen Ende der Stadt wieder verlassen. Da ich allerdings gegenüber den Verlockungen von Shoppingmalls schon immer immun gewesen bin, schaue ich mich zwar interessiert um, die Kreditkarte bleibt aber im Portemonnaie.

Ein bisschen Sorgen macht mir allerdings der öffentliche Personennahverkehr. Während in Moskau das rollende Material noch ganz gut in Schuss war, scheinen mir hier einige der Gefährte bereits an der Verschleißgrenze und darüber hinaus angekommen zu sein. Hier werden die Einwohner nach dem Verlassen der glitzernden und bunten Einkaufswelten abrupt auf den Boden der Tatsachen zurückgeholt. Mit ihren Gucci- und Prada-Tüten stehen sie dann im verschlissenen Trolleybus oder in der altersschwachen Straßenbahn, um nach Hause zu fahren. Allerdings muss man dafür nicht beunruhigt sein, wenn man eine Bahn oder einen Bus verpasst. Nach wenigen Minuten kommt bereits das nächste Gefährt angerumpelt.

Für mich besteht heute keine Notwendigkeit den ÖPNV zu nutzen, ich folge ja konsequent der roten Linie zu Fuß. Neben der roten Linie gibt es im Übrigen noch eine blaue Linie, um in Jekaterinburg keine Sehenswürdigkeit zu verpassen. Ich interpretiere im Stadtführer einen Text in russischer Sprache so, dass diese Linie länger ist und für Radfahrer angelegt wurde. Nur warum führt die blaue Linie vor mir die Radfahrer direkt zu einer Kapelle? Ist vielleicht so eine Art Autobahnkirche. Sveta klärt mich später im Hostel auf, dass die blaue Linie nicht für Radfahrer ist, sondern alle Kathedralen verbindet. Die vermeintliche Autobahnkirche ist eine erst im Jahr 1998 erbaute Kapelle. Sie erinnert an die einst hier stehende Katharinenkathedrale, die in den 1930er-Jahren während des in der ganzen Sowjetunion wütenden antireligiösen Feldzuges abgerissen wurde. Die kommunistische Partei sollte der einzige Götze sein, den das Volk anzubeten hatte.

Es lohnt sich durchaus, der blauen Linie zu folgen, einige sehenswerte Kathedralen haben die Sowjetzeit überstanden oder wurden anschließend gar neu gebaut. Eine der bedeutsamsten Kathedralen, nicht nur in Jekaterinburg, sondern wahrscheinlich in ganz Russland, ist die Kathedrale „Auf dem Blut". An der Stelle, wo sie heute steht, wurde 1918 im Keller des Ipatjew-Hauses nach monatelanger Gefangenschaft der letzte Zar Nikolaus II. nebst Gattin, Kindern und einigen Bediensteten von den Bolschewiken ermordet. Das Ende der jahrhundertealten Dynastie der Romanows wurde damit besiegelt. Das Haus stand noch bis 1977 und wurde dann auf Anordnung aus Moskau abgerissen. Ein Wallfahrtsort für sentimentale Fans der russischen Monarchie konnte nicht geduldet werden. Dieser entstand dann im Jahr 2003, als die neuerbaute Kathedrale eröffnet wurde. Ein monumentales Bauwerk gebaut auf einem kleinen Hügel – das Wahrzeichen der Stadt.

Gegen Abend will ich unbedingt noch das Jelzin-Center besuchen. Ihr erinnert euch an Boris Jelzin? 1991 der erste demokratisch gewählte Präsident in der russischen Geschichte. Auch hier wieder ein hochmodernes Gebäude, für jeden Architekten ein Genuss. Eröffnet im Jahr 2015 im Beisein von Präsident Putin. Die Fassade wurde von einem deutschen Unternehmen mit unzähligen videotauglichen LED-Bildpunkten hinterlegt. Dies sorgt für spektakuläre Inszenierungen und den deutschen Lichtde-

Kathedrale „Auf dem Blut"

- 2003 eröffnet, Wahrzeichen von Jekaterinburg
- An dieser Stelle wurde 1918 die russische Zarenfamilie ermordet

Zielgruppe Jedermann

Bewertung ★★☆

Jelzin-Center

- Moderner Gebäudekomplex für Shopping, Sport und Events
- Museum zu Ehren des ersten russischen Präsidenten Boris Jelzin

Zielgruppe Jedermann, für Kinder evtl. langweilig

Bewertung ★★☆

sign-Preis 2018. Ich bin wieder einmal beeindruckt, mit welcher Konsequenz und Entschlossenheit in Russland ein prestigeträchtiges Bauvorhaben nach dem nächsten verwirklicht wird. Koste es, was es wolle. Gespart werden muss dann eben an anderer Stelle, was mir der Zustand des Busses, der mich hierher kutschiert hat, einmal mehr verdeutlicht. Eine Frage der Prioritäten.

Boris Jelzin ist quasi ein Kind der Stadt. Er wurde in der Nähe geboren und hat in Swerdlowsk, so hieß Jekaterinburg während der gesamten Sowjetzeit, studiert. Im Inneren des Gebäudekomplexes gibt es Geschäfte, ein Fitness-Center, Räume für Veranstaltungen und Feierlichkeiten und eben ein Jelzin-Museum. Dort sind unter anderem seine Staatskarosse und diverse Abbilder seiner selbst zu bestaunen. Wirklich interessant und sehr sehenswert. Die Erklärungen sind zum größten Teil in russischer Sprache gehalten. Aber gut 1 % der Erklärungen waren auch in englischer Sprache verfügbar.

Als ich zurück im Hostel bin, sitzen die beiden Mädels von der Rezeption mit einem Gast in der Wohnküche und unterhalten sich. Das Hostel ist rund um die Uhr besetzt, das Personal schiebt 24-Stunden-Schichten. Der Aufenthaltsbereich ist dabei nicht für Personal und Gäste getrennt, sondern wird von allen genutzt, was zu einer sehr angenehmen familiären Atmosphäre führt. Man kommt quasi nach Hause und ich fühle mich tatsächlich als ein Mitglied der Hostel-Familie. Es wird noch ein lustiger Abend: Mit Nastia, Sveta und Vasili spiele ich Karten. Das Spiel heißt *Durak.* Durak, auf deutsch „Dummkopf“, ist ein traditionelles russisches Kartenspiel. Ziel ist es, möglichst schnell alle seine Karten loszuwerden. Wer als letztes noch Karten auf der Hand hat, ist der „Dummkopf". Zumindest diese einfachen Regeln verstehe ich schnell. Es macht riesig Spaß, wir lachen, essen russische Knabbereien und trinken Tee. Ich danke Vasili für seine ausführlichen Erklärungen in Russisch. *Spasibo!*

Abends beim Durak

Erkenntnis des Tages

Ohne Worte ... Spielregeln können auch nur mit Mimik und Gestik erklärt werden.

TAG **7** ДЕНЬ

Moskau
Москвá

Jekaterinburg
Екатеринбýрг

Nowosibirsk
Новосибирск

Irkutsk
Иркýтск

Wladiwostok
Владивостóк

Zwischen Asien & Europa

Heute steht ein Ausflug in den Ural auf dem Programm. Auch wenn dies erst für den Nachmittag geplant ist, möchte ich mit einem nahrhaften Frühstück die Grundlage dafür schaffen. Ich gehe also wieder ins von Sveta empfohlene Restaurant *Gabel & Löffel.* Dies ist eine russische Schnellrestaurantkette mit mehr oder weniger russischen Speisen zu fairen Preisen. Benehmt euch dort bloß Leute! Keine falschen Fragen stellen. Nachdem ich gestern zum Frühstück aus den Vitrinen wahllos Speisen entnommen und auf mein Tablett gestellt habe, wurde dies an der Kasse mit verblüfftem Gesichtsausdruck von Kassiererin Natascha Petrowa kommentiert. Ich habe nur mit den Schultern gezuckt. Aber ich vermute, sie wunderte sich, warum ich nicht das günstigere Frühstücks-Menü genommen habe.

Heute nehme ich das günstigere Frühstücks-Menü. Meine vorbereitete Frage an eine etwas ältere Mitarbeiterin, wie das denn so funktioniert mit dem Menü, wird von ihr bereits nach dem Fragewort unwirsch abgewürgt. Sie liest mir gehörig die Leviten: „Du an Dämlichkeit nicht zu überbietender Vollidiot, hast du nichts Besseres zu tun, als in dieser Herrgottsfrühe deinen übelriechenden Unrumpf zur Tür hereinzuschieben und mich zu nötigen, den Job zu machen, für den ich bezahlt werde?“ Dann verschwindet sie in der Küche. Die Übersetzung habe ich aus ihrer Mimik, Gestik und der roten Gesichtsfarbe abgeleitet, verstanden habe ich kein Wort. Eine zweite, deutlich jüngere und serviceorientiertere Mitarbeiterin erklärt mir dann in freundlichem Ton, dass ich das Menü aus vier Varianten auswählen muss. Na also, geht doch. So schiebe ich mein Tablett, nach Auswahl der Komponenten, zur Kasse, wo Kassiererin Natascha Petrowa bereits mit hochgezogenen Augenbrauen auf mich wartet. Nein, es ist nicht möglich, den für dieses Menü vorgesehenen schwarzen Tee durch grünen Tee zu ersetzen. Und ich bin so stolz, dass ich die entsprechende Frage auf Russisch formulieren konnte. Doch davon lässt sich Natascha Petrowa in keinster Weise beeindrucken. Vorschrift ist Vorschrift und Regeln müssen eingehalten werden, da ist sie konsequent. So entnehme ich also dem kleinen Körbchen vor der Kasse ein Teebeutelchen schwarzen Tee. Dies muss mit voller Konzentration erfolgen, da in demselben Körbchen auch Teebeutelchen mit grünem Tee liegen. Auf gar keinen Fall will ich, dass die Situation eskaliert, indem ich aus Versehen ein Beutelchen des grünen Tees erwische. Also, kein grüner Tee, dann gibt es eben schwarzen Tee, ist ja auch viel anregender. Ich entscheide mich übrigens für das „englische Frühstück“. Das beinhaltet aber wohl keine Eier, Bratwurst und dicke Bohnen, sondern Schoko-Muffin und Haferbrei! Jetzt verstehe ich auch, warum Natascha Petrowa auf den Earl Grey besteht: Er ist der Namensgeber des Frühstück-Menüs. Wie auch immer, für umgerechnet 1,40 € eine ausgezeichnete und leckere Wahl.

Da der Ural neben seinen robusten Lkw sowie Motoradgespannen der Marke „Ural“ insbesondere für Mineralien und Edelsteine bekannt ist, führt mich der Weg nach dem Frühstück ins „Ural Geologische Museum“. Es befindet sich in einem Gebäude links neben einer kleinen Kirche. Von rechts rückt dem Kapellchen eines der vielen im Bau befindlichen Wohnhochhäuser auf den Pelz. Jekaterinburg ist eine der am schnellsten wachsenden Städte und mittlerweile die viertgrößte Stadt in Russland. Wohnungen werden reichlich gebaut, nicht nur am Stadtrand, sondern auch in zentralen Lagen wird mit Hochhäusern ordentlich nachverdichtet. Hier sind die Russen offensichtlich deutlich pragmatischer als wir Deutschen. Bei uns hört und liest man immer nur von der großen Wohnungsnot in den Städten, entsprechende Baustellen, die Abhilfe schaffen könnten, sieht man aber kaum.

Das Museumsgebäude selbst wurde in den 1930er-Jahren gebaut. Von außen sieht man ihm die gut 80 Jahre gar nicht an, der alte Charme entfaltet sich aber direkt im Inneren. Hier ist die Ausstattung wohl größtenteils im Originalzustand und ich kann die Wissenschaft der Jahrzehnte förmlich riechen. Im Museum gibt es auf vier Etagen fein sortiert in hölzerne Schaukästen Steine und Mineralien aller Formen und Größen zu bestaunen. Alles aus dem Ural, hier wurde ganz schön gebuddelt! Zur Bestimmung des gefundenen Materials griffen die hiesigen Geologen auch wieder gern auf Präzisionsinstrumente aus deutscher Produktion zurück. So konnte ich einen Spektografen aus dem Jahr 1890 der Berliner Firma „Franz Schmidt & Haensch“ bewundern. Die Firma produziert im Übrigen auch heute noch Messtechnik in Berlin.

Gut informiert gehe ich nach dem Museumsbesuch noch einmal ins Hostel zurück. Dort treffe ich auf den leicht nervösen Vasili. Heute hat Vasili einen großen Tag. Seine Tochter heiratet! Gestern Abend beim Durak war er noch ganz cool und hat sich nichts anmerken lassen. Sein Bruder ist auch schon da und beide machen sich chic für die anstehenden Feierlichkeiten. Er fragt mich um Rat bei der Farbe des Hemdes und ich rate ihm zu dem zartroten, das gut zu seinem hellen Anzug passt. Alternativ hat er noch ein dunkelrotes dabei. Wäre das vielleicht doch besser? Aber keiner der Hochzeitsgäste wird wissen, dass er noch ein anderes Hemd im Rucksack hat. Und seine Tochter wird heute sowieso mehr mit ihrem eigenen Outfit beschäftigt sein. Ich finde, er sieht klasse aus. Wie ich die Schuhe finde, fragt er mich nicht. Aber die gehören ja auch zur Ausstattung des Hostels und ich gehe einfach davon aus, dass er die Schlappen nicht zur Hochzeit tragen wird. Er hat ganz sicher im Rucksack ein feines und auf Hochglanz poliertes Paar Lederschuhe.

Ural Geologisches Museum

- Unscheinbares Museumsgebäude aus den 1930er-Jahren
- Historische Schauvitrinen mit Mineralien aus dem Ural

Zielgruppe

Geologisch und mineralogisch Interessierte

Bewertung

★☆☆

Es ist kurz vor 14 Uhr und ich bin mit Sascha verabredet. Sascha habe ich 2001 beim Studium in Dresden kennengelernt. Er wollte Deutsch lernen, ich Russisch. So haben wir uns als Sprachtandem ab und an in der Mensa getroffen und bei einer Tasse Kakao über Gott und die Welt gesprochen. Seitdem haben wir uns nie wieder gesehen oder gesprochen. Wir waren lediglich über Facebook verbunden, aber auch das nur passiv. Zwei Monate vor meiner Reise nach Russland habe ich ihn dann angeschrieben. Die Freude war groß, wir haben direkt das Sprachtandem fortgeführt und jeden Tag geschrieben. Sascha auf Deutsch und ich auf Russisch. Wir treffen uns vor dem Zirkus, in unmittelbarer Nachbarschaft zu meinem Hostel. Hier ist ein zentraler Verkehrsknotenpunkt und für Sascha gut zu erreichen. Er wohnt mit seiner Familie in Istok, einem Vorort von Jekaterinburg, und arbeitet in Jekaterinburg bei einer Bank. Sascha wartet bereits am Zirkus auf mich, wir erkennen uns direkt wieder. Damals wie heute spricht Sascha ein viel besseres Deutsch als ich Russisch und ich freue mich total, nun mit ihm gemeinsam an die Grenze zwischen Europa und Asien zu fahren.

Sascha erklärt mir, dass eigentlich niemand weiß, wo exakt diese Grenze verläuft, denn der Ural als Ganzes bildet diese Grenze. Und da das Uralgebirge zig Kilometer breit ist, kann auch überall behauptet werden, dass sie genau hier oder eben genau dort ist. So gibt es verschiedene Obelisken, die diese Grenze markieren. Wir entscheiden uns für den nächstgelegenen Grenzstein und fahren mit dem Taxi ein Stück aus der Stadt auf der neuen

Autobahn Richtung Moskau. Dazu wurde seinerzeit eine ordentliche Schneise in den Kiefernwald geschlagen. Direkt nebenan führt die alte Straße nach Moskau. Die schlängelt sich aber reichlich durch Wald und Dörfer, zu viel Landstraßenromantik, zu wenig Geschwindigkeit. Nach gut 20 Minuten Fahrt hält der Taxifahrer auf einem kleinen Autobahnparkplatz. Wir laufen noch 200 Meter zu Fuß, und da ist sie: Die Grenze zwischen den Kontinenten! Mit dem Finger bin ich im Schulatlas schon unzählige Male über den Ural gewischt. Europa – Asien, Europa – Asien … Jetzt hier zu sein ist ein bisschen surreal! Ein Schritt von bisher Hunderttausenden in meinem Leben, aber irgendwie ein besonderer für mich.

Mehr gibt es hier direkt an der Schnellstraße aber auch nicht zu sehen. Die geringe Anzahl an Besuchern verwundert mich schon etwas. Vielleicht sind die weiter entfernt liegenden „Grenzorte“ besser besucht, vielleicht ist die Grenze zwischen den Kontinenten aber auch nicht für

Grenze Europa – Asien

- Verschiedene Obelisken als Grenzsteine im Ural
- Emotional ein sehr besonderer Moment

Zielgruppe
Jedermann

Bewertung
★★★

jeden ein so spektakulärer Ort wie für mich. Da der Taxifahrer auf dem Parkplatz in Liegeposition auf uns wartet, fahren wir nach einer guten halben Stunde zurück in die Stadt. Im besten Café der Stadt, ein Geheimtipp von Saschas Kollegen, gönnen wir uns einen Eiskaffee und bummeln anschließend noch etwas durch Jekaterinburg. Sascha zeigt mir das Gebäude, in dem er arbeitet. Zwei Querstraßen weiter spazieren wir durch den kleinen Park „Pavlika Morozova", der früher sehr verwildert war, vor einiger Zeit aber zu einer grünen Wohlfühloase für die gestresste Stadtbevölkerung umgestaltet wurde.

Kurz bevor der zwischenzeitlich pechschwarz zugezogene Himmel in einer Apokalypse explodieren wird, verabschieden wir uns herzlich. Es ist wirklich ein besonderes Erlebnis, Sascha nach so langer Zeit wiederzutreffen. Als hätten wir erst vergangene Woche in der Dresdner Uni-Mensa unser letztes Sprachtandem gehabt.

Im Gegensatz zu den glitzernden Einkaufswelten herrscht im ÖPNV eher Tristesse

Nun beginnt die Apokalypse. Ich kann mich gerade noch so in eine Straßenbahn retten, es gießt wie aus Kübeln. Drei Stationen weiter sprinte ich durch die Sintflut in ein Einkaufszentrum. Hier lässt sich die Zeit bis zum Ende des Gewittersturms sehr gut nutzen, um nicht nur Geschäfte, sondern auch Kunstobjekte mit Bezug zum realen Leben zu studieren. Das Phänomen „Damenhandtasche“ lässt sich wohl weltweit beobachten.

Später, in der Wohnküche des Hostels, spreche ich noch ein Weilchen beim Gute-Nacht-Tee mit Igor, einem russischen Mitbewohner. Er kommt aus der Nähe von Irkutsk in Sibirien und arbeitet seit zwei Jahren in Jekaterinburg. Eigentlich wollte ich ja mal vor Mitternacht ins Bett, was dadurch mal wieder nicht klappt. Das Gespräch ist einfach zu interessant. Wir sprechen unter anderem über das Wetter. Ich sage, wenn es im Winter in Köln +10 °C sind, ist es warm, wenn es -5 °C sind, ist es kalt. Er kann sich ein Lachen nicht verkneifen und sagt: Wenn es im Winter in Irkutsk -30 °C sind, ist es warm, wenn es -50 °C sind, ist es kalt.

Erkenntnis des Tages

Von Europa nach Asien
ist es nur ein Schritt.

TAG 8 ДЕНЬ

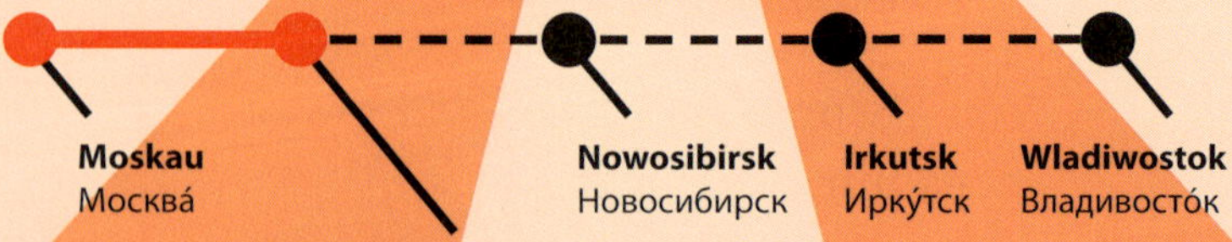

Jekaterinburg
Екатеринбýрг

Russische Geschichte

Vom Unwetter des gestrigen Abends ist heute Morgen nichts mehr zu sehen. Petrus lächelt ganz scheinheilig vom Himmel und taucht das neue Wohn- und Geschäftsgebäude, in dem sich im Erdgeschoss das kleine Hostel befindet, in reichlich Sonnenstrahlen. Die Temperaturen sind allerdings niedriger als gestern während des heftigen Gewitters.

Selbstverständlich führt mich mein Weg wieder ins *Gabel & Löffel* zum Frühstücken. Es ist einfach so praktisch. Was für mich besonders wichtig ist, ist die sofortige Verfügbarkeit. Keine Wartezeiten, es kann direkt schnabuliert werden. Auch die Freundlichkeit des Personals spricht für sich. Natürlich darf man es nicht mit unbeholfenem Verhalten aus ihrer Routine bringen oder gar mit selbsterklärenden Fragen von der Arbeit abhalten. Entsprechend nehme ich mir diesmal fest vor, ein guter Gast zu sei. Keine Fehler, keine Fragen, mucksmäuschenstill und bezahlen. Klappt aber nicht. Um 8:52 Uhr gehe ich durch die Straßenbaustelle und rein in den Laden, grüße freundlich, nehme mein Tablett und stelle mich ans Buffet. „Wir haben noch geschlossen!" Der Anschiss sitzt. „Dann schließt doch eure Tür noch nicht auf", denke ich mir. Immerhin darf ich im Restaurant warten. Um Punkt 9:01 Uhr, vorsichtshalber baue ich noch eine Minute Puffer ein, stelle ich mich wieder ans Buffet. Ein Glück frage ich nicht nach dem „englischen Frühstück". Am heutigen Samstag sind nämlich nicht nur die Öffnungszeiten verändert, sondern auch die Speisekarte.

Das schlechte Gewissen plagt mich allerdings nur sehr kurz. Voller Unternehmungslust blicke ich bereits nach vorn. Heute steht eine Wanderung auf dem Programm, im Kontext einer der mystischsten Geschichten der russischen Historie. Die Ermordung der Zarenfamilie im Jahr 1918. Ziel der Wanderung ist das Kloster Ganina Jama.

Dazu fahre ich zunächst mit der Straßenbahnlinie 10 bis zu deren Endhaltestelle im Nordwesten Jekaterinburgs. Diese arg ramponierten Tatra-Bahnen aus tschechischer Produktion mag ich sehr. Sie fuhren in den 1980er-Jahren auch durch das Leipzig meiner Kindheit. Selbst heute sind dort noch einige Exemplare unterwegs, allerdings in einem deutlich gepflegteren Zustand. Dafür schmückt hier das meist weibliche Fahrpersonal der Bahnen die Fahrerkabinen sehr liebevoll mit persönlichen Dingen. Plüschtiere, Poster und Bordüren sorgen für angenehme

Straßenbahnlinie Nr. 10.
Ja, sie fährt noch …

Stimmung hinter dem abplatzenden Lack und sorgen, zumindest bei mir, für Vertrauen in das rollende Gerät und sein Personal. In jedem Bus und in jeder Straßenbahn fährt neben der Fahrerin auch noch eine Schaffnerin mit. Sie hat einen eigenen Sitzplatz im Fahrgastabteil und verkauft den einsteigenden Fahrgästen Fahrscheine für 28 Rubel. Dies ist nicht nur eine 1a Kundenbetreuung, sondern sorgt gleichzeitig für Ruhe und Sicherheit im Abteil sowie eine Reduzierung der Schwarzfahrerquote auf 0 %. Als Wandermusikant hilft es, eine persönliche Beziehung zu zwei oder drei Schaffnerinnen herzustellen. Dann darf man kostenlos mitfahren, den Fahrgästen einige melancholische russische Volkslieder vortragen und dabei den ein oder anderen Rubel verdienen.

An der Endhaltestelle „Klyuchi“ verlasse ich mit den restlichen Fahrgästen die Bahn und laufe zur Bushaltestelle schräg gegenüber. Die städtische Wohnbebauung endet hier. Vor den ausgedehnten Waldgebieten westlich Jekaterinburgs trennt mich jetzt nur noch eine Siedlung aus Holzhäusern mit größtenteils unbefestigten Straßen. Nach zehn Minuten kommt der Linienbus 13 und ich fahre zu dessen Endhaltestelle „DMB #9“. Die Schaffnerin im Bus wundert sich und fragt, ob ich wirklich hier aussteigen will. So oft fährt wohl bis hierhin kein Fahrgast. Als ich ihr erzähle, dass ich zu Ganina Jama wandern möchte, teilt sie dies direkt dem Fahrer mit und beide staunen über mich.

Auf die Wanderung habe ich mich im Vorfeld grob vorbereitet und einen Blick auf Google Maps geworfen. Dabei war zu erkennen, dass diese Endhaltestelle nur ca. 7 km Luftlinie von Ganina Jama entfernt liegt. Das Vorhandensein von Waldwegen war mehr eine Vermutung, besser gesagt eine Hoffnung, als dass es wirklich zu erkennen war. Aber entlang von Straßen wollte ich auf gar keinen Fall laufen, es wird schon einen Weg quer durch den Wald geben. Und direkt gegenüber der Bushaltestelle führt tatsächlich ein Trampelpfad in einen herrlichen Birkenwald hinein. Die Birke ist der Baum Russlands schlechthin. Sie wächst überall und sieht dabei auch noch gut aus. Für die Esoteriker unter euch: ein Paradies zum Waldbaden. Und auch ich genieße diese Atmosphäre. Blauer Himmel, grüner Waldboden zu dem sich einzelne Sonnenstrahlen durch die Baumkronen durcharbeiten. Frische, kühle Luft und weiße Baumstämme soweit das Auge reicht. Für einen kurzen Moment denke ich daran, einen Birkenstamm zu umarmen.

Nun bin ich froh, im Wald tatsächlich Trampelpfade zu finden. Mit Hilfe des Sonnenstandes und des Handys navigiere ich mich in nördliche Richtung

Russland/Sowjetunion

Die Geschichte Russlands reicht bis ins 9. Jahrhundert zurück, als mit der Kiewer Rus das erste ostslawische Staatengebilde, gelegen zwischen den bedeutenden Städten Kiew und Nowgorod, gegründet wurde. Im Laufe der Jahrhunderte, bis zum Beginn des 20. Jahrhunderts, vergrößerten die jeweiligen Herrscher Russlands das Staatsgebiet immer weiter in alle Himmelsrichtungen und schafften einen Vielvölkerstaat mit über 100 Ethnien. Nach dem Ersten Weltkrieg, der Oktoberrevolution und Bürgerkrieg wurde Russland ab 1922 ein Teil der aus 15 Unionsrepubliken neu gegründeten Sowjetunion. Bis zur Auflösung der Sowjetunion ab 1990 umfasste die Sowjetunion fast ein Siebtel der Festlandfläche der Erde. Die heutige Russische Föderation ging Ende 1991 aus der sich auflösenden Sowjetunion hervor.

voran. Es ist um die Mittagszeit, also sollte die Sonne in der Hauptsache hinter mir scheinen, darauf achte ich stets, um die Richtung zu halten. Sehr beruhigt mich der Jogger, der nach einer Weile an mir vorbeiläuft, dann noch ein Läufer und wenig später noch einer. Auch vereinzelte Wanderer begegnen mir im Wald. Das Hinweisschild „Memorial Romanows" kann ich zu diesem Zeitpunkt noch nicht deuten, aber zumindest ist Leben im Wald und Zivilisation in der Nähe, also alles gut.

Nach einer Dreiviertelstunde treffe ich Wladimir im Wald auf einer kleinen Lichtung. Ich schätze ihn auf 70 Jahre. Er ist halbwegs verdutzt, mich zu sehen und spricht mich an. Mit einer Engelsgeduld erklärt er mir die Bedeutung dieses Platzes, auf dem wir stehen, und als Zugabe noch die gesamten Vorgänge rund um die Ermordung der Zarenfamilie. Obwohl ich nur 10 % seiner Worte verstehe, kann ich das Gesamtbild erkennen. In Kurzform muss ich für euch diesen Exkurs in russischer Geschichte einfach einlegen. Also Ohren gespitzt:

Schon weit vor der Russischen Revolution von 1917/1918 war das Volk auf die Monarchie nicht mehr gut zu sprechen. Als sich dann im Zuge des Ersten Weltkrieges die Versorgung der Bevölkerung mit Nahrungsmitteln und Brennstoffen stetig verschlechterte, kam es zu landesweiten Demonstrationen. Der Versuch des Zaren die Bewegung gewaltsam niederzuschlagen misslang. Zar Nikolai II. musste abdanken und Petrograd, wie St. Petersburg damals hieß, verlassen. Keiner wollte ihn mehr haben, das Volk und besonders die kommunistischen Bolschewiken waren sauer auf ihn. So richtig sauer! Er und seine gesamte Romanow-Familie wurden rumgereicht. Erst in die Verbannung nach Tobolsk in Sibirien, später landeten sie in Jekaterinburg. Dort hielt man sie im „Ipatjew-Haus", hinter einem 4 Meter hohen Holzzaun, geschützt vor den Blicken der neugierigen Nachbarschaft, gefangen. Drei Monate später, im Juli 1918, wurden sie schließlich hinterrücks im Keller des Hauses von den Bolschewiken ermordet. Ihr erinnert euch, an dieser Stelle steht heute die Kathedrale „Auf dem Blut". Da die Bolschewiken die Familienmitglieder nicht zu Märtyrern machen wollten, mussten alle Leichen verschwinden. Also ab auf ein Auto und 15 Kilometer außerhalb von Jekaterinburg in einen alten Bergwerksschacht geworfen. Wird schon keiner merken! An dieser Stelle steht heute das Kloster Ganina Jama. Bereits einen Tag später hatten die Bolschewiken kalte Füße bekommen und die Leichen wieder aus dem Schacht geholt. Nun wurden sie noch mit Schwefelsäure und Feuer behandelt und ein paar Kilometer weiter im Birkenwald verscharrt. Und tatsächlich blieb die gesamte Zarenfamilie verschwunden. Dass hierüber Sagen und Legenden entstanden sind, versteht sich von selbst. 1978 dann, also 60 Jahre später, die Sensation: In einem Waldstück wurden, von zwei Amateurhistorikern, Leichen gefunden, die als die Romanows vermutet wurden. Politisch konnte dieser Fund aber noch nicht an die große Glocke gehängt werden. So dauerte es bis zum Ende der Sowjetunion, bis eine offizielle Kommission 1991 die Knochen untersuchte und sie als die der Romanows identifizierte.

Und an dieser Stelle, hier auf der Lichtung, stehe ich nun zusammen mit Wladimir. 2007 wurden 100 Meter weiter auch noch der Sohn und eine Tochter des Zaren gefunden. Mittlerweile liegen alle vereint im Familiengrab der Romanows in St. Petersburg. Wladimir, der fast täglich hierher auf die Lichtung kommt, ist gar nicht gut auf die Bolschewiken und ihren Führer W. I. Lenin zu sprechen. Wir verabschieden uns nach einer Weile, denn mein Weg führt mich noch nach Ganina Jama. Das winkt Wladimir nur ab. Für ihn ist Ganina Jama eine reine Touristenattraktion, die wahre Geschichte habe sich hier im Birkenwald abgespielt.

Ich verlasse den Wald, überquere eine Bahnlinie und laufe entlang einer wenig befahrenen Landstraße. An der Kreuzung rechterhand geht es direkt auf den Autobahnzubringer, wie ich recht schnell bemerke. Also zurück und an der Kreuzung links halten. Kurz vor der Ortschaft Schuvakish biege ich rechts an einem Gewerbegebiet in eine Seitenstraße ein. Der große Hund, der dort mitten auf der Straße steht, verunsichert mich ein wenig. Als ich

Zarengräber

- Fundort der Jahrzehnte verschollenen Leichen der 1918 ermordeten Zarenfamilie
- Sehr versteckt im Birkenwald, kaum Touristen

Zielgruppe

Jedermann, Historiker

Bewertung

★★★

näherkomme, verschwindet er im Gestrüpp am Straßenrand, wo ein zweiter Hund lauert. Von dort aus beobachten mich nun zwei Augenpaare. Ich hoffe, sie haben bereits gut gefrühstückt. Die Seitenstraße mündet nach 300 Metern in einen geschotterten Waldweg. Diese eigentlich idyllische Schotterpiste wird nach einem guten Kilometer jäh durch die Leitplanken des besagten Autobahnzubringers unterbrochen. Es sieht alles frisch gebaut aus, den Autobahnzubringer wird es im letzten Jahr wohl noch nicht gegeben haben. Ich steige über die Leitplanken und gehe auf die andere Straßenseite. Die ehemalige Schotterpiste ist auf dieser Seite bereits asphaltiert und verbreitert. Darüber freuen sich die vielen Ausflügler, die mit ihren Autos zum Kloster fahren, für mich ist die Idylle hier entlang des Fahrbahnrands nun allerdings vorbei.

Dieses Kloster, mitten im Wald, wurde erst im Jahr 2000 gegründet. Es ist umgeben von einem kreisrunden, drei Meter hohen Holzpalisadenzaun im Durchmesser von geschätzt 500 Metern. Vor dem Haupteingang gibt es einen großen asphaltierten Parkplatz für Busse und Pkw. Hier muss ich an Wladimirs Worte denken … Touristenattraktion. Hinter dem Zaun befinden sich sieben Holzkirchen, eine für jedes der ermordeten Mitglieder der Zarenfamilie. Die Kirchen sind wirklich sehenswert und jeweils reich ausgestattet mit Weihrauch und Ikonen. In einem abgetrennten Bereich auf dem Gelände leben und arbeiten Mönche. Die Hauptattraktion ist natürlich das noch angedeutete Bergwerksloch, in dem die ermordeten Romanows einen Tag lagen. Auf einem überdachten

Kloster Ganina Jama

- Klosteranlage zu Ehren der ermordeten Zarenfamilie
- Sehr touristisch

Zielgruppe
Jedermann

Bewertung
★★☆

Wladimir erklärt die Hintergründe zu den Zarengräbern

Kloster Ganina Jama

Holzsteg lässt sich dieses andächtig umrunden. Die russisch-orthodoxe Kirche hat hier wirklich weder Kosten noch Mühen gescheut. Für ihre Anhänger ist hier eine ansehnliche Pilgerstätte entstanden. Dass die Zarenfamilie allerdings 60 Jahre lang im Birkenwäldchen nebenan, zwischen Bahnlinie und Gasleitung, gelegen hat, wird mit keinem Ton erwähnt.

Das ist russische Geschichte vom Feinsten, jetzt könnt ihr mitreden. Ich verstehe nur nicht, warum die Russen „ihren" Zaren verehren und gleichzeitig seinen Henker W. I. Lenin. Diesen Widerspruch kann aber etwas später mein russischer Freund Sascha erhellen. Demnach ist die Beteiligung Lenins an der Ermordung des Zaren vielen Russen nicht bewusst. Zum einen war Lenin während des Geschehens nicht in Jekaterinburg, zum anderen wurde das gesamte Thema während der Sowjetzeit bewusst unter den Teppich gekehrt. Die Anhänger der Kirche, mit ihrem Zaren als Star, ebenso wie die Kommunisten, mit Lenin als ewigem Führer, sind zwei einflussreiche Gruppen in Russland. Insbesondere bei Wahlen. Deshalb will es sich die Regierung mit keiner der beiden verscherzen und lässt die Kirche Klöster bauen und den Kommunisten ihre Lenindenkmäler stehen.

Kirche

Die römisch-katholische Kirche spielt in Russland so gut wie keine Rolle. Die meisten Gläubigen folgen dem russisch-orthodoxen Glauben, zwar auch eine christliche Konfession, aber eben nicht mit dem Papst als Oberhaupt, sondern mit dem Patriarchen von Moskau und der ganzen Rus.

Der Rückweg verläuft problemlos, einfach den gleichen Weg zurücklaufen. Am Waldrand, kurz vor der ersten Siedlung von Jekaterinburg, laufe ich an mehreren Hütten vorbei, wo lecker gegrillt und gepicknickt wird. Im Winter ist hier die Basis für Skilanglauftouren durch den verschneiten Märchenwald, inklusive Verleihstation. Dann wird die Straßenbahnlinie 10 wohl mehr Menschen bis zur Endhaltestelle „Klyuchi" transportieren.

Dort steige ich wieder ein und bin gegen 19 Uhr zurück im Hostel. Genug Zeit, um mich auf die Weiterreise nach Sibirien, die heute Abend noch ansteht, vorzubereiten. Als es soweit ist, bringt mich ein Taxi innerhalb von 15 Minuten zum Bahnhof, was mich 2,50 € kostet. Pünktlich um 21:41 Uhr setzt sich mein Zug in Bewegung. Reiseziel Nowosibirsk! Dabei werde ich Zeuge einer revolutionären Umstellung: Während meiner Reise schafft die russische Eisenbahn die im Fernverkehr seit Jahrzehnten geltende Moskauer Zeit ab. Ab sofort zeigen in ganz Russland alle Fahrpläne, Tickets und Bahnhofsuhren ausschließlich die lokale Zeit an. 21:41 Uhr ist 21:41 Uhr.

Erkenntnis des Tages

Legenden findet man im Birkenwald.

TAG 9 ДЕНЬ

Moskau Москвá

Jekaterinburg Екатеринбýрг

Nowosibirsk Новосибирск

Irkutsk Иркýтск

Wladiwostok Владивостóк

Auf nach Sibirien

Ein Frühstück von solcher Weltklasse steht vor mir auf dem Tisch, dass es wohl auch auf der Tafel von Zar Nikolai II. nicht besser ausgesehen haben kann. Heute bin ich der Zar!

Planmäßig um 2:21 Uhr in der Nacht hält der Zug auf seinem Weg von Jekaterinburg nach Nowosibirsk in Tjumen. Tjumen ist mit gut 700.000 Einwohnern die erste größere Stadt in Westsibirien und überdies eine der ältesten russischen Ansiedlungen östlich des Urals. Ein Großteil des russischen Erdöls und Erdgases wird in dieser Region gefördert. Tjumen ist Boomtown mit einer Verzehnfachung seiner Einwohnerzahl in den letzten 80 Jahren! Und mein Arbeitgeber aus Deutschland hat in Tjumen seine russische Niederlassung, die ich bereits einige Male im Rahmen von Dienstreisen besucht habe. Oleg ist für diese russische Niederlassung verantwortlich und ein sehr feiner und smarter Kerl. Wir schätzen uns sehr. Und stellt euch vor, er kommt extra zu dieser nächtlichen Stunde zum Bahnhof, um mich bei der Durchreise für 20 Minuten am Bahnsteig zu begrüßen. Und damit nicht genug: Olegs Frau hat extra einen Fischkuchen gebacken, dazu noch frische Tomaten, Gurken und Äpfel. Auch Tee und Marmelade sind dabei sowie ein wunderschönes Tischdeckchen. Nun kann ich wahrlich mithalten, wenn die Zugreisenden anfangen, ihre Verpflegungspakete auszupacken. Bisher sah es bei mir immer nach

Schonkost aus, aber jetzt steht der leckerste Fischkuchen auf der gesamten Strecke der Transsibirischen Eisenbahn auf meinem Tisch. Allerdings vergessen Oleg und ich in der Kürze der Zeit, ein Foto zu machen. Welch ein Fauxpas.

Nach 20 Minuten mahnt die Schaffnerin zum Einsteigen. Eine herzliche Verabschiedung von Oleg und ich schleiche auf leisen Sohlen mit fünf Rauchern zurück in den abgedunkelten Waggon. Der Zug setzt sich rüttelnd in Bewegung und nach diesem Highlight ganz zu Beginn des Tages mache ich nun das, was die meisten Passagiere bereits vor drei Stunden begonnen haben zu tun: ab in die Koje und schlafen. Diesmal ist mein Platz oben auf der Längsseite des Ganges. Als ich vor Beginn der Reise die vier Fahrten mit der Transsibirischen Eisenbahn gebucht habe, habe ich bewusst unterschiedliche Plätze für die jeweiligen Fahrten im Zug gewählt. Jeder Platz hat sowohl Vorteile als auch Nachteile. In einer Vierer-Nische herrscht ein Hauch mehr Privatsphäre. Reist man auf einem unteren Platz in der Vierer-Nische, sitzt man am Fenster und hat das Tischlein vor sich, allerdings auch den Reisenden von oben tagsüber neben sich auf seiner Pritsche sitzen. Der Reisende von oben kann sich zu

Die russische Küche

Als Besucher Russlands ist man überrascht von der leckeren, nahrhaften und abwechslungsreichen Küche. Borschtsch (Rote-Beete-Suppe), Soljanka (Suppe aus Kohl, Fleisch, Gurken und anderen Zutaten), Pelmeni (gefüllte Teigtaschen), Blini (Pfannkuchen), Schaschlik (Fleischspieß mit Lamm, Rind oder Schwein und Gemüse), Piroschki (herzhaft oder süß gefüllte gebackene Brötchen), Mors (Fruchtgetränk hauptsächlich aus Preiselbeeren und Zucker) und Eis (zu jeder Jahreszeit) sind typische russische Spezialitäten.

jeder Tages- und Nachtzeit oben auf seine Pritsche legen und ein Nickerchen halten. Sitzt aber nie am Fenster und muss sehen, wo er bleibt, wenn der Reisende von unten sich tagsüber mal auf seiner Pritsche langmacht. Ein Platz im Gang garantiert immer einen Fensterplatz. Der Reisende von oben kann auch hier rund um die Uhr seine Koje für ein Schläfchen nutzen. Der Reisende von unten muss erst das Tischlein umklappen und sein Bett aufbauen. Eine wirkliche Empfehlung für diesen oder jenen Platz im Zug kann ich nicht geben, es ist individuelle Geschmacksache. Grundsätzlich sitzt es sich am Gang enger, da ständig jemand vorbeiläuft und nachts hat man die Füße der privilegierten Fahrgäste aus den Vieren-Nischen im Gesicht.

Geschlafen habe ich dann doch ganz ordentlich, gut sieben Stunden bis zum Bahnhof von Omsk. Hier legt der Zugführer gegen 10 Uhr eine Pause ein, die ich wie immer für einen kleinen Spaziergang rund um das Bahnhofsgebäude nutze. Omsk mit über einer Million Einwohner ist ein prosperierendes wirtschaftliches Zentrum. Gegründet wurde die Stadt vor gut 300 Jahren. Von wem? Richtig, von einem Deutschen! Der Kamerad hieß Johann D. Buchholz und war Oberstleutnant in den Diensten der russischen Armee. Wie bei vielen Städten entlang der Transsibirischen Eisenbahn begann das starke Wachstum der Stadt auch in Omsk durch die Eröffnung der Bahnstrecke vor über 100 Jahren. Für Ausländer war Omsk bis zum Ende der Sowjetunion allerdings nicht zugänglich. Die Russen wollten sich nicht in die hier ansässige Militär- und Raumfahrtindustrie hineinspionieren lassen. Ein militärisches Produkt der Stadt, mit zumindest aus russischer Sicht durchschlagendem Erfolg, war der Panzer T-34, der meistgebaute Panzer des Zweiten Weltkriegs.

Nach meinem Spaziergang freue ich mich auf ein zünftiges Frühstück. Ich bin schon auf die Gesichter der Mitreisenden gespannt. Auf die Privilegierten in der Vierer-Nische von gegenüber. Wo hat der denn diesen Fischkuchen her? Und das frische Gemüse? Das hat der doch gestern Abend noch nicht dabeigehabt. Tja liebe Leute, da staunt ihr wohl, was des Nächtens alles so passiert, während ihr in euren Kojen schlaft: Oleg sei Dank!

Die Runde um den Omsker Bahnhof tut nach der Nacht auch Not, um meine steifgefrorenen Glieder etwas in Wallung zu bringen. Das dünne Bettlaken als Zudecke hat heute Nacht kaum ausgereicht meine Körpertemperatur auf über 30 °C zu halten. Ein weiterer Nachteil eines oberen Liegeplatzes, direkt unter der Klimaanlage. Der Zugbegleiter meinte es mit der Klimatisierung der schla-

Omsk – Hauptbahnhof

- Historisches Bahnhofsgebäude von 1896
- Grüne Außenfassade

Zielgruppe
Jedermann

Bewertung
★☆☆

fenden Fahrgäste sehr gut. Vielleicht hat er früher oft Gefriergut transportiert. Für solche Fälle liegen an den Plätzen ausreichend Wolldecken parat. Ich hätte mir heute Nacht nur eine angeln müssen, keine Ahnung, warum ich da nicht dran gedacht habe. Selbst schuld.

Mir gegenüber sitzt ein Russe, vielleicht 30 Jahre alt, untersetzte Figur, kurzgeschorene Haare, der Zahnstatus nicht ganz perfekt. Er trägt ein weißes Unterhemd und ein Tattoo auf dem Oberarm. Es sieht aus wie selbstgemacht. Er könnte vielleicht beim Militär arbeiten oder auf einer Erdölplattform. Irgendetwas handwerkliches auf jeden Fall, nach Büro sieht er eher nicht aus. Ich nenne ihn in Gedanken Kolija. Kolija ist ein Brummbär, er spricht wenig bis gar nicht, schaut mit gerunzelter Stirn aus dem Fenster und zieht dauernd die Nase hoch. Er hat sich wohl bei seiner Arbeit auf der Erdölplattform erkältet oder ist Pollenallergiker wie ich. Obwohl ich sagen muss, dass mich mein Heuschnupfen hier in Russland bisher nahezu in Ruhe gelassen hat. Wahrscheinlich denkt er, ich sei ein völliges Weichei, weil ich mir die Nase mit einem Taschentuch putze. Seine Zuneigung zeigt er mir trotzdem, als er mir sein veritables Klappmesser zum Anschneiden des Fischkuchens anbietet. Ich nehme dankend an, auch wenn es nicht nötig ist, da ich ein eigenes Messer dabeihabe. Aber es ist wichtig, die angebotene Hilfe anzunehmen. Das signalisiert Interesse am Gegenüber und schafft allgemein eine entspannte und aufgelockerte Situation. Meist sind solche freundschaftlichen Gesten auch sehr nützlich, um eine Kommunikation in Gang zu bringen! Wo kommst du her? Wo fährst du hin? Ach, aus dem Dorf soundso? Na klar, Frau Müllermaierschulze, ist ja verrückt, dass du die auch kennst, die Welt ist doch echt ein Dorf ... Dies gelingt mir heute alles nicht. Mein Angebot vom leckeren Fischkuchen zu probieren, lehnt Kolija mehrfach ab. Auch sonst ist er zu keinem Gespräch zu bewegen. Aber man weiß es ja nicht, vielleicht trägt er irgendwelche Sorgen mit sich herum. Mit dem Herrn gegenüber, aus der Vierer-Nische, entstehen ab und an kleine Gespräche, wo sich, wenn auch sparsam, Kolija einklinkt. So erfahre ich zumindest, dass Kolija auf dem Weg zu einem Dorf in der Nähe von Nowosibirsk ist, um dort seine Mutter zu besuchen.

Die Landschaft verändert sich einstweilen. Sie ist nun flach mit nur noch sanften Erhebungen. Mit den Hügeln des Urals haben wir seit einigen hundert Kilometern auch die ausgedehnten Birken- und Kiefernwälder hinter uns gelassen. Bäume und Büsche gibt es nur noch zur Auflockerung in kleineren Grüppchen. Ansonsten sieht man bis zum Horizont, und wahrscheinlich auch darüber hinaus, nichts als saftig grüne Grassteppe und Sumpfgebiete. Diese Region im Südosten des Westsibirischen Tieflands wird als Barabasteppe bezeichnet. Eine endlose Weite in der sich die Zivilisation nur gelegentlich mit einigen kleinen Siedlungen aus Holzhäusern zeigt. Vier Stunden vor Nowosibirsk gibt es noch einmal einen längeren Aufenthalt in der Stadt Barabinsk. Die 30.000 Einwohner leben im Wesentlichen von der Transsibirischen Eisenbahn. Ausgedehnte Eisenbahnwerkstätten machen Barabinsk zu einer bedeutenden Station an der Trasse. Sehenswürdigkeiten kultureller Art sind eher Mangelware. Wie immer bieten Einheimische den aussteigenden Fahrgästen Waren aller Art feil: Trockenfisch, Backwaren, Früchte, Tücher, Schmuck, und und und. Da auf den Bahnsteigen auch noch feste Verkaufsstellen für Eis und Getränke vorhanden sind, kann man sich den Kauf von Proviant vor Reisebeginn fast sparen. Ein Beispiel, von welchem Gerät die Waggons der Transsibirischen Eisenbahn vor 100 Jahren gezogen wurden, ist auch zu sehen. Viele der Stationen entlang der Transsib haben irgendwo auf ihrem Gelände eine alte Dampflok stehen. In der Regel in einem, zumindest optisch, top Zustand. Aus meiner Sicht finden diese ehrwürdigen Stahlrösser viel zu wenig Beachtung! Die Reisenden sollten während der Pause weniger telefonieren, dafür lieber den Oldtimern etwas Aufmerksamkeit schenken. Neben mir denkt sich das in Barabinsk zumindest ein weiterer Tourist, den ich beim Fotografieren der

Leckerer Fischkuchen als Gastgeschenk von meinem Freund Oleg.
An vielen Bahnstationen sind noch alte Dampfloks der Transsib zu finden

betagten Dampflok treffe. Den Rückweg zu unserem Gleis versperrt uns ein durchfahrender, endlos langer Güterzug, sodass wir uns kurz unterhalten. Er ist aus Deutschland und reist mit seiner Freundin ebenfalls mit der Transsib, allerdings deutlich vornehmer als ich: im Vier-Bett-Abteil.

Fünf Minuten vor der Abfahrt mahnt die Schaffnerin die Passagiere von Waggon 12 wieder einzusteigen. Selbstverständlich folge ich dieser Aufforderung genauso wie Kolija und alle anderen Reisenden. Die Schaffner und Schaffnerinnen der Transsib machen einen hervorragenden Job. Das muss ausdrücklich gesagt werden! Disziplin und Ordnung sind das oberste Gebot. Während der gesamten Pause stehen sie am Bahnsteig neben der Tür zum Waggon und passen auf, dass kein Unfug geschieht. So ist eine pünktliche Abfahrt des Zuges stets gewährleistet. Jetzt, am späteren Nachmittag, ist überdies der perfekte Zeitpunkt für ein kleines Schläfchen in meiner Koje und so lasse ich mich auf den nächsten Kilometern in einen erholsamen Dämmerschlaf rütteln.

Um 19:48 Uhr Ortszeit, auf die Minute genau nach Fahrplan, rollt die Lok mit ihren 18 Waggons nach 1.600 Kilometern Strecke in den Bahnhof von Nowosibirsk ein. Die größte Stadt Sibiriens. *Strastwujtje!* Gleich mehrere Züge der Transsib stehen hier einträchtig auf den Gleisen des Bahnhofs nebeneinander und warten geduldig auf die aus- und einsteigenden Fahrgäste. Angenehme 18 °C begleiten mich die halbe Stunde Fußweg zum Hostel, welches sich in direkter Nachbarschaft zum Spartak-Stadion und zum zentralen Kultur- und Freizeitpark befindet.

Recht ruhig hier im Hostel, mein Acht-Bett-Zimmer teile ich mir nur mit einem weiteren Mitbewohner. Zumindest habe ich direkt das Glück, zur richtigen Zeit in der Küche aufzutauchen. Natürlich nehme ich dort das Angebot von Irina, ihre selbstzubereitete Borschtsch-Suppe zu probieren, mit Freuden an. Irina ist geschätzt um die 50 Jahre alt, wie eine Touristin sieht sie nicht aus. Überhaupt scheint mir das Hostel eher ein Wohnheim zu sein. Der *Borschtsch* ist lecker, die Dusche angenehm und das Bett sehr bequem. Was will man mehr nach einer 24-stündigen Zugfahrt? Nun wird aber geschlafen, schließlich bin ich euch in der Zeit mittlerweile fünf Stunden voraus.

Erkenntnis des Tages

Wer noch nie Fischkuchen probiert hat, kennt die russische Küche nicht.

TAG 10 ДЕНЬ

Moskau
Москвá

Jekaterinburg
Екатеринбýрг

Irkutsk
Иркýтск

Wladiwostok
Владивостóк

Nowosibirsk
Новосибирск

Das Chicago Sibiriens

Um 8 Uhr heißt es raus aus den Federn. Nach einem Tag im Zug kann ich es kaum erwarten, durch Nowosibirsk zu streunen, bis mir die Hacken glühen. Ein ausgiebiger Stadtrundgang steht heute auf dem Programm. Ich bin gespannt, was diese junge Stadt zu bieten hat. Vor knapp 130 Jahren gab es hier noch exakt nichts! Dann kam die Eisenbahn.

Aber erstmal muss gefrühstückt werden. *Gabel & Löffel* gibts in Nowosibirsk zwar auch, allerdings ohne mich. Ich bin ohnehin der Meinung, dass wir keine Freunde mehr werden. Der Argentinier im Hostel in Jekaterinburg hat mich bereits vorgestern auf eine Idee gebracht. Nicht etwa wie er den ganzen Tag im Bett herumzulungern und auf den Laptop einzuhämmern, sondern sich als Selbstversorger um die morgendliche Verpflegung zu kümmern. Er hat das Hostel nicht mal zum Frühstück verlassen. Das muss ich heute auch nicht. Brot und Obst, welche ich mir noch in Jekaterinburg gekauft habe, Marmelade von Olegs Frau, Tee zur freien Verfügung aus der Küche, fertig. Die Einrichtung hier im Wohnheim ist eher spartanisch. Küche und Aufenthaltsraum befinden sich im fensterlosen Kellergeschoss. Neonlampen sorgen für klinisch einwandfreies Weißlicht. Die Plastikstühle stehen akkurat an den sechs Esstischen, auf denen zweckmäßig rutschfeste Essunterlagen aus Kunststoff ausliegen. Der Fernseher an der Wand läuft, ohne dass jemand vom ausgestrahlten Programm Notiz nimmt. Viel Betrieb ist nicht, die meisten Bewohner sind wohl schon zur Arbeit gegangen. Ich persönlich finde diesen puristischen Stil durchaus hilfreich. Er verkürzt die Aufenthaltszeit im Wohnheim auf ein Minimum und verlängert im gleichen Atemzug die Aufenthaltszeit draußen in der Stadt auf ein Maximum. Keine zeitraubenden Gespräche mit Bewohnerinnen und Bewohnern der Herberge, keine vom Wesentlichen ablenkenden, liebevollen Details beim Interieur, keine übertrieben um das Wohl der Gäste besorgten Mitarbeiterinnen und Mitarbeiter.

Der einzige Grund, dass Nowosibirsk dort zu finden ist, wo es heute liegt, war die Entscheidung der Eisenbahningenieure im Jahre 1893, den Fluss Ob an dieser Stelle zu überqueren. Wäre der Ob 50 Kilometer weiter nördlich überquert worden, dann läge Nowosibirsk, was soviel bedeutet wie „Neues Sibirien“, heute 50 Kilometer weiter nördlich. Ein Zeitzeugnis aus dem Jahr der Brückeneröffnung hat die Jahrzehnte überdauert und steht monumental am Beginn der Uferpromenade: Ein Brückenelement der Brücke von 1897. Innerhalb von knapp 130 Jahren ist Nowosibirsk dann auf über 1,5 Millionen Einwohner gewachsen und heute eine der größten Städte Russlands. Wegen des rasanten Wachstums sprechen manche auch vom Chicago Sibiriens. Und Trubel ist auf den Straßen auf jeden Fall angesagt. Entlang meines Weges, an einer der Hauptstraßen Richtung Bahnhof, sperren plötzlich mehrere Polizeifahrzeuge mit Blaulicht und lautem Sirenengeheul die Verkehrsader. Kurz darauf folgt eine Kolonne von geschätzt 50 Reisebussen, die allesamt auf den großen Platz vor dem Zirkus einbiegen und anhalten. Dieser Anblick versetzt mich in Erstaunen und hunderte von Menschen auf dem Zirkusplatz in Ekstase. Aus den Bussen springen wild durcheinander Heerscharen von Kindern, die aus einer Woche Ferienlager heimkehren und ihren wartenden Eltern in die Arme fallen. Welch ein Freudenfest! Ein Stück weiter erfreue ich mich noch einmal am herrlichen Bahnhofsgebäude aus dem Jahr 1939. Gestern Abend, bei der Ankunft mit der Transsib, war ich in Gedanken bereits unter der Dusche im Hostel. Heute bekommt das größte Bahnhofsgebäude entlang der Transsibirischen Eisenbahn aber meine ungeteilte Aufmerksamkeit. Auf dem riesigen Vorplatz beobachte ich eine Zeit lang das Treiben, kein Unterschied zu deutschen Hauptbahnhöfen, sowohl Reisende als auch zwielichtige Gestalten huschen mehr oder weniger zielstrebig an mir vorüber. Eine Reisegruppe älterer Herrschaften wird von einer Deutsch sprechenden Führerin um und ins Gebäude geführt. Ein neben mir stehender Kasache fragt mich auf Russisch, was die wohl für eine Sprache gesprochen haben. Ich antwortete auf Russisch: „Ich denke Deutsch!“

Städtebaulich erhielt Nowosibirsk seine architektonische Prägung zu Sowjetzeiten. Breite Straßen und große, meist verkehrsreiche Plätze sind ein Zeichen dessen. Die anlässlich des 300-jährigen Jubiläums der Romanow-Dynastie 1915 erbaute kleine St.-Nikolai-Kapelle findet sich über die Jahrzehnte als Verkehrsinsel wieder. Aber immerhin haben die sozialistischen Stadtplaner sie nicht abgerissen. Wohl auch deshalb, weil ihr Standort als geografisches Zentrum des Russischen Zarenreiches galt. Die geografische Mitte Russlands wurde in der Zwischenzeit neu vermessen und befindet sich nun am Südufer des Wiwisees, gut 1.000 Kilometer weiter nordöstlich. Mit Kirchen sieht es in Nowosibirsk ansonsten eher mau aus, ich sehe hier deutlich weniger Gotteshäuser als in Moskau oder Jekaterinburg. Meine Erklärung ist die Prägung zu Sowjetzeiten. Die Kommunisten standen ja nicht so drauf, wenn das Volk einen anderen Götzen als die Partei anbetete. Eines der ältesten Steingebäude der Stadt ist die Alexander-Nevski-Kathedrale, die 1899 geweiht wurde. Eine von innen wie außen beeindruckende orthodoxe Großkirche. Alexander-Newski-Kathedralen gibt es in vielen Städten des ehemaligen Zarenreiches. Sie sind nach einem Fürsten und Heerführer benannt, der unter anderem die Invasionspläne des Deutschen Ordens in Russland empfindlich störte, als er im Jahr 1242 die deutschen Kreuzritter im heutigen Baltikum vernichtend schlug.

Nowosibirsk – Hauptbahnhof

- Historisches Bahnhofsgebäude von 1939
- Größtes Bahnhofsgebäude entlang der Transsib

Zielgruppe
Jedermann

Bewertung
★☆☆

Apropos deutsch: Auf dem Weg zur Kathedrale, entlang des Krasnij Prospekts, komme ich am ehemaligen Standort des deutschen Generalkonsulats vorbei. Etwas mitgenommen sieht es ja schon aus. Das hat sich wohl auch der Herr Generalkonsul gedacht, denn mittlerweile residiert das Konsulat in einem modernen Glaspalast in der Nähe des Hauptbahnhofs. Vermissen wird er aber das kleine Restaurant direkt nebenan. Hier genieße ich für unschlagbare 250 Rubel ein fantastisches, „Business-Lunch" genanntes Mittagessen. Mit dem besten jemals gegessenen griechischen Salat als Vorspeise, leckerer Pasta als Hauptgang und einer selbstgemachten Orangenlimonade. Das ist ein Genuss auf höchstem Niveau. Und gerade noch zur rechten Zeit: Die Stunde schlägt bereits 14 Uhr und ich bin schon leicht unterzuckert. Deswegen habe ich mir kurz zuvor den Klamottenladen *Deutsch Mark*, ein Stück entfernt auf der anderen Straßenseite, auch nicht von innen angeschaut, was ich jetzt im Nachhinein durchaus bereue. Vielleicht hätte ich hier mit „Al-

Alexander-Newski-Kathedrale

- Orthodoxe Großkirche
- Eines der ältesten Steingebäude der Stadt von 1899

Zielgruppe
Jedermann,
für Kinder evtl. langweilig

Bewertung
★☆☆

didas", „Puna" und „Hugo Bros" ein paar Schnäppchen machen können.

Entlang des Krasnij Prospekts sind noch ein paar wenige historische Steinbauten aus den Gründerjahren der Stadt zu sehen. In den Seitenstraßen hie und da einige Holzhäuser, dann ist schon bald Ende mit historischem Gemäuer. Die alten Backsteinbauten faszinieren mich besonders. Ich kann die Arbeiter förmlich vor mir sehen, wie sie damals Stein für Stein, auf Holzgerüsten stehend, die Häuser in die sibirische Einöde gezimmert haben. Heute recken sich mehr und mehr neugebaute Hochhäuser in den Himmel. Auch wenn das Stadtbild von Nowosibirsk keineswegs an das moderne Erscheinungsbild von Jekaterinburg heranreicht, von Moskau ganz zu schweigen, ist schon bemerkbar, dass die Stadtväter in den letzten Jahren ordentlich investiert haben. Einen Grund, sich auf den Lorbeeren auszuruhen, gibt es jedoch nicht. Die meisten Wohngebäude, die ich sehe, sind doch eher in einem betagten und renovierungsbedürftigen Zustand. Das 2005 renovierte Operngebäude am zentralen Lenin-Platz ist allerdings formidabel in Schuss. Es ist das größte Theatergebäude Russlands und damit größer als das Bolschoi-Theater in Moskau. Schade nur, dass während meines Besuches Sommerpause ist, die nächste Vorstellung ist erst im September.

Kein Lenin-Platz ohne den Namensgeber selbst! Das Kunstwerk in Nowosibirsk war ursprünglich für Ost-Berlin gedacht. Da es aber etwas zu monumental geraten war, wurde es, statt in der Hauptstadt der DDR installiert, nach

Sibirien „verbannt“. Es wundert mich, dass die Genossen vom Zentralkomitee der DDR an dieser Stelle seinerzeit Mitspracherecht hatten. Der Lenin-Platz hieß übrigens früher Stalin-Platz, vielleicht in Zukunft mal irgendwann Putin-Platz, wer weiß das schon.

Beim innerstädtischen Verkehrschaos kann Nowosibirsk locker mit jeder anderen russischen Großstadt mithalten. Die Anzahl von gerade mal drei Straßenbrücken über den Ob erscheint mir etwas knapp, die Zufahrtsstraßen sind hoffnungslos verstopft. Abgesehen vom ohrenbetäubenden Lärm und den ungefilterten Abgasen eine durchaus interessante Sache. Fans von historischen Fahrzeugen kommen voll auf ihre Kosten. Immer wieder sind alte Schätze dabei, die sich im Schritttempo durch den Stau schieben. Beeindruckt bin ich von einem Lkw „Ural“. Ein wahres Kraftpaket und Arbeitstier, das vollbeladen mit Baumstämmen direkt aus der Taiga zu kommen scheint. Bei dieser Last werden sich die verschlammten Reifen für 100 Kilometer sicher 50 Liter aus dem Dieseltank genehmigen. Für 50 Rubel pro Liter gibt es an der Tankstelle von Lukoil um die Ecke Nachschub.

Etwas Zerstreuung findet der Nowosibirsker an der Uferpromenade des Ob. Von der Mitte der Oktober-Brücke lässt sich diese zwar gut überblicken, allerdings tobt auf den sechs Fahrspuren der Brücke ein Verkehrsinferno, dass an Entspannung noch nicht zu denken ist. Also laufe ich den schmalen Fußweg am Rand der Brücke Richtung Ostufer. Viele Fußgänger nutzen den Fußweg nicht, vor allem da das Geländer an etlichen Stellen arg verwittert ist. Ein halbes Jahr Dauerfrost jedes Jahr ab Oktober hinterlässt seine Spuren. Ich erreiche jedoch nach wenigen Minuten über eine Treppe unfallfrei die Flaniermeile am Fluss. An zwei oder drei Stellen kommt man von der Promenade auf kleine Kiesbänke direkt am Ufer. Andächtig halte ich meine Hände ins Wasser, sammle ein paar Steinchen und muss plötzlich an den Geografie-Unterricht während meiner Schulzeit denken. Dort haben wir den Ob als großen sowjetischen Fluss kennengelernt. Dass ich eines Tages an seinem Ufer stehen werde, war damals beim besten Willen nicht abzusehen.

Die Uferpromenade ist ca. 1,5 Kilometer lang. An einem Ende befindet sich das museale Brückenelement von 1897 sowie ein majestätisches Standbild von Zar Alexander III., der den Grundstein für den Bau der Transsibirischen Eisenbahn legte. Am anderen Ende gibt es für die Nowosibirsker Kinder einen kleinen Freizeitpark mit Karussells und Zuckerwatte und einem Anlegesteg für Bootsfahrten. Da bin ich natürlich dabei! Ein Ticket ist schnell gekauft und nach einer kleinen Wartezeit sticht mein Kahn zu einer einstündigen Rundfahrt in See. Vom Wasser sieht die Welt doch gleich ganz anders aus! Das denken sich einige Leute. Das Boot ist gut besucht, bei dem schönen Wetter tummeln sich die meisten Fahrgäste natürlich auf dem Sonnendeck. Nach und nach verzieht sich der Großteil allerdings nach unten, der Fahrtwind ist doch ganz schön frisch. Ich halte jedoch durch. Der Kapitän steuert zuerst in südliche Richtung, die Ufer sind zu beiden Seiten grün, dahinter steigt das Gelände leicht an,

Uferpromenade am Ob

- 1,5 km lange Flaniermeile am Ufer des Ob
- Bootsrundfahrten, Karussells, Zarendenkmal

Zielgruppe
Jedermann, besonders Familien

Bewertung
★★☆

Bootstour auf dem Ob

- Einstündige Rundfahrt auf dem Ob
- Tolle Perspektive auf die Stadt

Zielgruppe
Jedermann

Bewertung
★★☆

Typische Wohnsituation in russischen Städten: Große Blocks mit grauer Fassade

sodass die Gebäude der Stadt gut zu sehen sind. Aus dieser Perspektive erscheint mir Nowosibirsk direkt ansprechender und die Breite des Ob wird nochmal deutlich – ein gewaltiger Fluss. Kaum vorstellbar, dass er im Winter über mehrere Monate zufriert. Irgendwann wendet der Kapitän das Schiff und fährt entlang der Uferpromenade in nördlicher Richtung zurück. Gegen halb sechs legen wir wieder an und ich mache mich auf den Rückweg zum Hostel.

Ein Stück fahre ich mit dem Bus, den Rest laufe ich zu Fuß. Von den großen verkehrsreichen Hauptstraßen habe ich heute genug gesehen, ich wähle jetzt die Nebenstraßen. In einem Supermarkt kurz vor dem Hostel kaufe ich mir eine Packung *Pelmeni.* Diese russische Spezialität, kleine mit Hackfleisch gefüllte Teigtaschen, werde ich mir zum Abendessen zubereiten. Im Hostel ist es reichlich still, kein Vergleich zu Jekaterinburg und erst recht kein Vergleich zu Moskau. Aber meine Hausschuhe hat Svetlana mit meinem Namen beschriftet. Kaum zu glauben, dass aus einem so kurzen Namen wie Jan in kyrillischen Buchstaben ein noch kürzerer Name wird: Ян. Die *Pelmeni* schmecken hervorragend, dazu gibt es leckeres *Letscho* und einen

Sprache

In Russland wird das kyrillische Alphabet verwendet. Einige der 33 verschiedenen Buchstaben sehen aus wie lateinische Buchstaben, werden aber in der Regel ganz anders ausgesprochen. Die Grammatik kennt keine Artikel, dafür sechs verschiedene Fälle. Mit der Modernisierung Russlands nach europäischem Vorbild durch Zar Peter den Großen zu Beginn des 18. Jahrhunderts wurde die russische Sprache reformiert. Seitdem enthält sie viele Lehnwörter aus anderen Sprachen wie zum Beispiel Deutsch. So sind die Worte „Butterbrot“, „Schlagbaum“, „Brandmauer“ oder „Zifferblatt“ gängige Begriffe in der russischen Sprache.

Tee. Die junge Bewohnerin, die in der Küche das Abendessen für sich und ihre Mutter zubereitet, hat kein großes Interesse an einem Gespräch mit mir. Ich hätte wohl nicht fragen sollen ob sie Chinesin ist, denn sie ist Russin.

Das 8-Bett-Zimmer teile ich nur mit Slava. Wir verstehen uns gut und unterhalten uns eine Zeit lang vor dem Schlafengehen. Politisch ist er gut informiert und fragt mich, wie das denn so ist in Deutschland mit den vielen Flüchtlingen. Um dies erschöpfend zu beantworten, reichen meine Russischkenntnisse bei Weitem nicht aus. Ich sage ihm, dass es wichtig ist, Menschen in Not zu helfen, aber natürlich gibt es bei der Bewältigung einige Probleme. Er erzählt mir noch, dass er aus der Nähe von Wladiwostok kommt und sich die Tage für vier Millionen Rubel eine Wohnung in Nowosibirsk gekauft hat. Ich hoffe, er hat es besser als Artjom gemacht und mehr Augenmerk auf die Qualität des Verkaufsobjekts gelegt.

Erkenntnis des Tages

Die geografische Mitte eines Landes kann sich schon mal um 1.000 Kilometer verschieben.

TAG 11 ДЕНЬ

Moskau
Москвá

Jekaterinburg
Екатеринбýрг

Irkutsk
Иркýтск

Wladiwostok
Владивостóк

Nowosibirsk
Новосибирск

Trolleybus

Heute Vormittag geht es mal ein Stück raus aus der City, erst in den Südosten der Stadt und anschließend auf die andere Seite des Ob, in den Westen. Mal schauen, was die Nowosibirsker an den Rändern der Stadt so treiben. An öffentlichen Verkehrsmitteln mangelt es dabei nicht. In Nowosibirsk steht die komplette Produktpalette zur Verfügung: Metro, Straßenbahn, *Marschrutkas* genannte Kleinbusse, normale Busse und natürlich Trolleybusse.

Letztere haben es mir besonders angetan. Bei diesen russischen Oberleitungsbussen der Marke ZiU stelle ich mir immer wieder fasziniert die Frage, ob sie wohl vor ihren Einsätzen im ÖPNV jahrzehntelang als Truppentransporter in Krisengebieten Verwendung fanden. Es gibt an ihrer Karosserie wirklich keinen Quadratzentimeter Blech, der noch dem Originalzustand entspricht. Die Fahrzeuge sind von vorne bis hinten zerbeult, geflickt und von der Witterung zerfressen. Dieser Zustand setzt sich nahtlos im Innenraum fort. Das Gestühl ist hoffnungslos verschlissen, der Fußboden durch Generationen von russischen Winterstiefeln malträtiert. Dabei ist ein Trolleybus eine prima Sache. Durch die billige elektrische Energie viel effizienter als ein Dieselomnibus und durch den Wegfall des Verbrennungsmotors auch noch leiser und sauberer. Der ZiU-9 ist der weltweit meistgebaute Trolleybus. Eine solch grandiose Technologie brauchte natürlich einen standesgemäßen und politisch einwandfreien Namensgeber. Das Trolleybus-Werk in der Nähe von Saratow bekam daher seinerzeit den Namen ZiU – *Zawod imeni Urizkowo.* Genosse Urizki war ein russischer Revolutionär, der sich 1917 den Bolschewiken anschloss und in seiner Funktion als Leiter der Geheimpolizei für Ruhe und Ordnung im Lande sorgte. Ein Jahr später wurde er im heutigen St. Petersburg von einem Konterrevolutionär erschossen, welcher wiederum zwei Monate nach seiner Verhaftung erschossen wurde. Mehr Theatralik lässt sich im sowjetischen Personennahverkehr kaum finden.

So laufe ich also nach dem Frühstück im Hostel zur Bushaltestelle am zentralen Lenin-Platz. Der Vormittag soll mich in den südöstlichen Teil der Stadt führen. An dieser Stelle fahren leider noch keine Trolleybusse. Hier draußen die gesamte Strecke zu elektrifizieren ist wohl zu aufwändig und im Vergleich zur dicken Luft in der Innenstadt auch nicht unbedingt notwendig. Also nehme ich den Dieselbus der Linie 18. Für 19 Rubel geht es entlang der Ulitsa Kirowa bis zur Station „Voskowa". Sobald man die Innenstadt hinter sich lässt, wird das Stadtbild sehr schnell durch einen eher dörflichen Charakter geprägt. In einer Siedlung, die von der Fläche so groß ist wie die Innenstadt, leben die Menschen vorzugsweise in Holzhäusern. Das ist wirklich faszinierend zu sehen, da es der traditionellen Bauweise in den sibirischen Städten und Dörfern entspricht. Bis vor 60 oder 70 Jahren lebte ein Großteil der Russen noch so. Von außen sieht das heutzutage schon eher nach Verschlägen aus. Aber ich möchte den Bewohnern da nicht zu nahetreten. Sie werden es sich schon gemütlich eingerichtet haben. Eine gute Stunde spaziere ich mit großen Augen durch die Straßen. Etwas touristisch komme ich mir dabei schon vor, da außer mir hier niemand so langsam durchs Viertel flaniert. Zu gern würde ich mal einen Blick hinter einen der Bretterzäune werfen und mit einer *Babuschka* einen Tee aus dem *Samowar* in ihrer Stube trinken. Aber dann überlege ich, wie ich wohl reagieren würde, wenn ein um mein Wohnhaus in Köln schleichender Russe unten am Klingelbrett meinen Namen findet und in schlechtem Deutsch etwas von „gemeinsam trinken Kölsch" durch die elektronische Türsprechanlage faseln würde.

Zurück im Zentrum, am Verkehrsknotenpunkt „Rechnoij Wokzal", verlasse ich Buslinie 18, um auf die Trolleybusline 8, die mich über den Ob bringen soll, zu warten. Ein leichtes Hungergefühl verspüre ich bereits, welches ich hier allerdings weder bei *McDonald's* noch beim Imbiss *Onkel Döner* stillen will. Wenn es sich irgendwie einrichten lässt, kommt mir hier nur russische Küche in den Magen.

Im Westen der Stadt, auf der anderen Seite des Flusses, sind vorzugsweise Wohnviertel zu finden. Besonders interessant ist die Gegend rund um den Karl-Marx-Platz. Hier pulsiert ein quirliges Stadtteilleben. Große Einkaufszentren, viel Verkehr. Mondäne Wohnhäuser aus den 1950er- und 1960er-Jahren, als der sozialistische Städtebau noch einer gewissen Ästhetik folgte, sowie Plattenbauten aus den 1970er- und 80er-Jahren, als für Ästhetik weder Zeit noch Geld vorhanden waren. Den bedauernswerten Zustand haben alle Gebäude gemeinsam. Möglicherweise leidet die Substanz auch hier am Dauerfrost von Oktober bis April. Am Karl-Marx-Platz kann ich dann auch meinen knurrenden Magen besänftigen. Wenn man mit dem Namen des Restaurants *Sushi Terra* auch nicht direkt russische Küche assoziiert, esse ich dennoch einen hervorragenden *Borschtsch* und genieße einen urbanen Blick auf den riesigen Kreisverkehr des Platzes. Die Straßenbahnen quietschen im Schneckentempo um den Kreisverkehr, Busse suchen sich ihre Abbiegespuren, dazwischen Autos und eine Straßenkehrmaschine die für Sauberkeit im Rondell sorgt.

Für die oberen Zehntausend wurden vor nicht allzu langer Zeit ganz moderne Wohnhochhäuser am Westufer des Ob gebaut, mit Kinderspielplatz und Tiefgarage auf dem eingezäunten Gelände. Im Gegensatz zu Deutschland, wo alle Welt ein Häuschen im Grünen möchte, kaufen sich die Russen lieber Wohnungen in der Stadt. Eine eigene Drei-Zimmer-Wohnung ist hier der Traum der meisten Familien. Traumhaft ist tatsächlich der herrliche Panoramablick auf die Skyline der Altstadt. Hier hat man beinahe das Gefühl, idyllisch im Grünen zu wohnen. Ein wenig täuscht allerdings die tolle Postkartenperspektive, der Verkehrslärm von der in unmittelbarer Nähe vorbeilaufenden Brücke ist enorm. Wirklich cool wird es für die wintersport-interessierten Bewohner dieser Anlage ab November. Dann wird der Hügel hinterm Haus zur beleuchteten Skipiste und der vorhandene Schlepplift bringt einen im Nu wieder nach oben. Die Mutter kann aus dem

Wohnzimmerfenster zuschauen und im Anschluss den heißen Tee in die erfrorenen Hände reichen. Für die meisten Menschen in Nowosibirsk wird dieser Wohntraum freilich unbezahlbar bleiben.

Am späten Nachmittag mache ich mich auf den Rückweg über den Ob, zurück auf die historische Seite von Nowosibirsk. Am Morgen fand der Besuch in einem alten Holzhaus, welches nach meinen Informationen das „Nowosibirsk Museum“ beheimaten sollte, direkt nach dem Betreten schon wieder ein abruptes Ende. Eine freundliche Russin erklärte mir, dass hier nur die Verwaltung des Museums wäre und das Museum selbst sich an verschiedenen Stellen befinde. Unter der angegebenen Adresse habe ich das Museum leider nicht angetroffen, bin auf meinen Recherchen aber auf ein anderes interessantes Museum gestoßen. Das „UdSSR-Museum“, ebenfalls in einem historischen Holzhaus. Dorthin soll mich mein Weg, als abschließendes Highlight des Tages, nun führen.

In einer Straße mit mehr oder weniger modernen Wohnhäusern wirkt dieses kleine knarzige Holzhäuschen aus dem Jahr 1917 wie ein Artefakt aus einer längst ver-

UdSSR-Museum

- Privates Museum in einem historischen Holzhaus von 1917
- Ausstellung zeigt allerlei sowjetische Devotionalien

Zielgruppe

Interessierte an ostdeutscher Geschichte, Architekten

Bewertung

★☆☆

gangenen Zeit. Ich bin gespannt, was mich im Inneren erwartet. Zumindest im Augenblick bin ich der einzige Besucher. Eine Frau verkauft mir eine Eintrittskarte, welche ein Herr abreißt. Beide befinden sich im selben Raum. Wir unterhalten uns nett und ich erfahre, dass sie das Museum privat betreiben. Dieses eigenwillige Museum ist ein loses Sammelsurium an scheinbar willkürlich ausgestellten Gegenständen. Einige Exponate erkenne ich aus meiner Kindheit wieder. Für mich als Nostalgiker tatsächlich interessant, die meisten anderen Besucher werden die Ausstellung aber wohl eher als skurril empfinden. In einem kleinen Raum sitzt noch ein weiterer Herr ganz und gar in Briefmarken eingegraben, der mit einer Pinzette in der Hand am Sortieren ist. Mir gefällt das Museum, mein Lieblingsexponat: Lenin der Denker vor der Losung: „Arbeiten, Lernen, Leben – für den Kommunismus“. Verrückte Zeiten damals!

Auch wenn ich mir im Museum viel Zeit für das Studium der Exponate nehme, bin ich in einer halben Stunde mit der Besichtigung bereits durch und stehe wieder auf der Straße. Das trifft sich eigentlich ganz gut, so ist genug Zeit, um auf

Kommunismus

Die kommunistisch geprägte Herrschaft in Russland dauerte von 1917 bis 1990. Erst wurde mit der Februarrevolution von 1917 die Jahrhunderte dauernde Zarenherrschaft beendet, anschließend die gebildete provisorische Regierung durch die kommunistische Oktoberrevolution 1917 abgesetzt. Zentrale Figur und Anführer war W. I. Lenin. Mit dem Sieg im russischen Bürgerkrieg 1922 festigten die Kommunisten unter Lenin ihre Macht und gründeten im gleichen Jahr die Sowjetunion. Die Ideologie vom Gemeineigentum und einer klassenlosen Gesellschaft verbreitete sich in den Folgejahren und -jahrzehnten weltweit, insbesondere in Osteuropa und China.

dem Weg ins Hostel noch einmal im Kultur- und Freizeitpark „Zentraler Park" vorbeizuschauen. Am Park bin ich schon ein paarmal vorbeigelaufen, er liegt nur drei Minuten vom Hostel entfernt. Die Nowosibirsker verbringen gern Zeit in diesem Park. Regelmäßig gibt es Veranstaltungen verschiedenster Art: Konzerte, Aufführungen, Tanzkurse, Ausstellungen, Gymnastikgruppen, heute jedoch nichts dergleichen. Dennoch, hinter dem schönen Eingangsbereich eröffnet sich eine bunte Welt, insbesondere für Kinder. Ich freue mich sehr über das kleine Restaurant direkt rechts neben dem Eingangsportal. Auf der gemütlichen Außenterrasse mit Parkblick lässt es sich wunderbar zu Abend essen. Das Publikum wechselt gerade von jungen Familien auf junge Pärchen. Eine herrlich entspannte Stimmung.

Einige der Fahrgeschäfte im Park sind auch am Abend noch geöffnet. Andere sind bereits geschlossen oder haben gar nicht erst geöffnet. Es sind scheinbar alles kleine Ich-AGs mit unterschiedlich motivierten Inhabern. Allerdings

Zentraler Park

- Grüner Freizeitpark mit Karussells, Kiosken, Open-Air-Bühne, Gymnastikgruppen, Restaurants

Zielgruppe
Jedermann, besonders Familien

Bewertung
★★☆

folgen auch diese Gefährte der Gesetzmäßigkeit: Was nicht viel kostet, sieht irgendwann etwas mitgenommen aus. Das Wartungsintervall sollte für die allermeisten der Attraktionen deutlich verkürzt werden. Den Kindern wird es freilich egal sein, ein bisschen Rost an der Aufhängung fällt doch nicht auf. Und die Eltern werden sich denken, wenn ihre Kinder die tägliche Fahrt zur Schule mit dem Trolleybus überstehen, wird sie am Abend auch kein Karussell kleinkriegen.

Abends im Hostel, wir liegen schon in den Betten, philosophieren wir noch ein wenig. Slava und ich haben einen neuen Mitbewohner in unserem Acht-Bett-Zimmer. Nennen wir ihn Viktor. Viktor wird sicher über 60 sein und fliegt morgen mit seiner Frau weiter in den Urlaub nach Thailand. Witzig, dass sie hier im Hostel in getrennten Schlafsälen nächtigen müssen. Aber vielleicht wollten sie es ja auch so.

Erkenntnis des Tages

Gelebte Elektromobilität bereits seit 50 Jahren … russische Trolleybusse.

TAG 12 ДЕНЬ

Moskau
Москва́

Jekaterinburg
Екатеринбу́рг

Irkutsk
Иркýтск

Wladiwostok
Владивосто́к

Nowosibirsk
Новосибирск

Badetag im Ob

Heute werden die Badesachen gepackt. Auf diesen Tag freue ich mich ganz besonders, Zeit für ein wenig Erholung und Müßiggang. Herrliches Wetter, blauer Himmel, Sonnenschein, erträgliche 26 °C, da wird es Zeit dem Badestrand am Stausee des Ob einen Besuch abzustatten.

Allerdings kann ich es nicht mit meinem Gewissen vereinbaren, den ganzen Tag faul in der Sonne rumzuliegen. Vor dem erfrischenden Bad gibt es deshalb erst noch drei Programmpunkte abzuarbeiten. Erst die Arbeit, dann das Vergnügen, wobei mir natürlich bereits die Arbeit ein großes Vergnügen bereitet. Programmpunkt eins lässt sich beim besten Willen nicht umgehen: Die Anreise. Der Strand befindet sich gut 30 Kilometer südlich von der Innenstadt Nowosibirsks. Als Transportmittel bieten sich Bus, *Marschrutka,* Regionalbahn oder meinetwegen auch ein Taxi an. Ich entscheide mich für die Busverbindung. Mit Hilfe der von mir inzwischen gern genutzten Internetseite *www.2gis.ru* suche ich die passende Verbindung für die knapp einstündige Busfahrt heraus. Los geht es von der zentralen Bushaltestelle vor dem Hauptbahnhof. Der Preis von 19 Rubel ist einmal mehr konkurrenzlos günstig. Es geht entlang einer gut ausgebauten, vierspurigen Schnellstraße, die sich gemeinsam mit der benachbarten Bahnstrecke einen direkten Weg durch den Kiefernwald bahnt. Statt an der Haltestelle „Sejatel“ steige ich allerdings bereits drei Stationen vorher an der Station „Svetlaja“ aus.

Klingt irgendwie ähnlich. Nach einem kurzen, planlosen Spaziergang stelle ich fest, dass ich hier nicht richtig bin. Zurück an der Haltestelle warte ich auf den nächsten Bus. Ich nehme dann die übernächste *Marschrutka.* Diese hält bereits nach fünf Minuten Wartezeit an der Haltestelle und nimmt mich das letzte Viertel der Strecke zum doppelten Preis des ersten Dreiviertels mit.

Im Stadtteil Sejatel gibt es ein Eisenbahnmuseum, das ist der zweite Programmpunkt. Das Freilichtmuseum befindet sich auf einem schmalen Streifen zwischen Schnellstraße und Bahnstrecke. Auf sechs nebeneinander liegenden Gleisen wird auf jeweils 500 Metern Länge alles präsentiert, was in den vergangenen 100 Jahren an Lokomotiven und Waggons über die russischen Schienenwege rauschte. Obwohl ich bisher nicht durch übermäßiges Interesse an historischen Schienenfahrzeugen aufgefallen bin, empfinde ich diese Ausstellung als wirklich sehenswert. Eisenbahnliebhaber werden hier sicher auf ihre Kosten kommen und locker ein oder zwei Stunden Zeit verbringen. Neben unzähligen Lokomotiven und Waggons sticht unter anderem eine Diesellok der Baureihe TEP80 hervor. Von ihr wurden nur zwei Exemplare gebaut. Das Schwestermodell steht im Eisenbahnmuseum von St. Petersburg und hat 1993 den Geschwindigkeitsrekord für Diesel-Schienenfahrzeuge aufgestellt: 271 km/h! Sieht man dem klobigen Teil gar nicht an. Dem russischen ICE-Verschnitt, der hier auch ausgestellt ist, hätte ich eine solche Geschwindigkeit jedenfalls nicht zugetraut, er sieht mit seiner wellblechartigen Außenhaut schon arg zusammengedengelt aus, aber für 200 km/h soll es laut technischen Daten wohl gereicht haben. Bei dem schönen Sommerwetter mag man durchaus vergessen, dass man sich hier mitten in Sibirien befindet. Schlagartig daran erinnert wird man beim Anblick einer Schneeräumlokomotive. Wenn es auf der Trasse der Transsib mal wieder über Nacht zwei Meter Neuschnee gibt, wird dieses Monstrum wohl mit Anlauf zum Einsatz kommen.

Genug der groben Technik. Mein Rucksack mit den Badesachen auf dem Rücken erinnert mich nach einer guten Stunde daran, dass jede weitere Minute bei den Stahlrössern eine Minute weniger am Badestrand bedeutet. Deshalb führt mich mein weiterer Weg zügig im Bogen durch die Wohnsiedlung Sejatel zum dritten Programmpunkt, dem Akademikerstädtchen Akademgorodok. Das kleine Kunstwerk der an einer DNA strickenden Labormaus ist dabei nicht übertrieben. Akademgorodok ist das Silicon Valley Sibiriens! Eine ab 1957 auf dem Reißbrett der UdSSR entstandene Siedlung für Wissenschaftler. Bis zu

Eisenbahnmuseum

- Freiluftmuseum historischer Lokomotiven, Waggons und Fahrzeuge
- Südlich der Stadt im Ortsteil Sejatel

Zielgruppe
Jedermann, besonders Kinder

Bewertung
★★☆

200.000 Menschen haben hier früher gelebt. Nach der Wende erfolgte allerdings erstmal ein Aderlass. Das große Geld hat viele Wissenschaftler in den Westen gelockt. Inzwischen wurde und wird wieder kräftig investiert. Der neugebaute Technologiepark für junge Unternehmen aus der Nano- und Informationstechnologie ist wirklich ein architektonisches Highlight. Forschen und Wohnen im Kiefernwald ist die Devise. Einige Institute hier genießen auch heute noch Weltruf. Dazu zählt sicher das 1958 gegründete Budker-Institut für Kernphysik, welches nebenbei bemerkt den Status des größten akademischen Instituts in der russischen Föderation innehat. Auf dem Boulevard vor dem Hauptgebäude lässt es sich schön bummeln, die Herren und Damen Wissenschaftler scheinen aber allesamt im Urlaub zu sein oder bereits im Feierabend. Auf jeden Fall ist heute nicht viel los. Akademgorodok ist nach wie vor eine sehr beliebte Wohngegend. Eine Mischung aus modernen Mehrfamilienhäusern und einigen Einfamilienhäuser. Das alles im

Akademgorodok

- Akademikerstädtchen, Silicon Valley Sibiriens
- Institute von Weltruf neben jungen Start-Up-Unternehmen

Zielgruppe
Jedermann,
für Kinder evtl. langweilig

Bewertung
★★☆

Kiefernwald mit kurzen Wegen für die kreativen Köpfe, hier und da noch ein Tennisplatz – wirklich schön.

Auch die Universität von Nowosibirsk hat in Akademgorodok Teile ihres Campus. Ihre Fakultäten sind in vielen Bereichen in weltweiten Unirankings auf den vorderen Plätzen zu finden. Die Anzahl von gut 7.000 Studierenden ist überschaubar und bietet ein enges Betreuungsverhältnis mit den Lehrenden. Der Wachdienst ist sehr aufmerksam, er lässt mich zumindest ein wenig im Eingangsbereich des Hauptgebäudes umschauen. Weit weg bewegen darf ich mich allerdings nicht. An einen spontanen Hörsaalbesuch ist so nicht zu denken. In Deutschland kann jeder durch die Unis spazieren, hier geht es nur mit gültigem Studentenausweis. Eine ausreichende Versorgung mit Vitaminen ist für die Studierenden sichergestellt: Vor dem Einkaufsmarkt in Uni-Nähe bieten unzählige *Babuschkas* Gurken, Tomaten sowie gesammelte Beeren aus Garten und Natur am Straßenrand feil. Ich traue mich allerdings nicht, aus der Vielfalt zu probieren, da ich Bedenken in Bezug auf die Hygiene habe. Letzteres gilt auch bei den angebotenen Hundewelpen.

Ein absoluter Traum ist allerdings die geografische Lage von Akademgorodok. Und damit nähern wir uns endlich dem Höhepunkt des Tages. Aus dem Hörsaal in 15 Minuten zu Fuß an den Sandstrand. Und das in Sibirien. Zumindest in den drei Monaten Juni, Juli, August, wenn die Temperaturen über 20 °C liegen, ein Muss, das sehen auch viele Nowosibirsker so. Es gibt extra eine Bahnstation, „Obskoje Morje“, die die erholungsuchenden Großstädter

Hinter den Bäumen: Sandstrand und Obsker Meer

Hier wird an der DNA gestrickt – Akademgorodok

Badestrand Obskoje Morje

- Sandstrand am Stausee des Ob
- Wenig Infrastruktur wie Gastro und Toiletten

Zielgruppe
Jedermann

Bewertung
★★★

aus der City an den See bringt. Hier kaufe ich mir am Fahrkartenschalter vorab schon mal ein Ticket für die Rückfahrt nach Nowosibirsk. Nichts würde mich beim Sonnenbaden mehr stören, als die Ungewissheit, ob und wann ich zurück in die Stadt komme. Jetzt geht es aber endlich an den Strand. Durch die Kiefernwälder nähert man sich und dann liegt es vor einem: das Obsker Meer. Herrlich, einfach nur Strand, nicht zu viele Badegäste, kaum Gastronomie, kaum Toiletten und das zarte Rauschen der kleinen Wellen. Ich nehme mein kleines Handtuch aus dem Rucksack, lege es als Decke auf den Boden, ruck-zuck die Badehose an, Portemonnaie in den Schuhen versteckt und dann wird relaxed! Wenn ich die Augen schließe und nur auf die Geräusche achte, glaube ich nie und nimmer, in Sibirien zu sein. Ich könnte ewig hier liegen. Einige Schwimmzüge im erfrischenden Wasser des Stausees und ich fühle mich wie neugeboren.

Der Traum dauert leider nur zwei Stunden, die drei vorgelagerten Programmpunkte haben dann doch mehr Zeit verschlungen als gedacht. Gegen 18 Uhr verstaue ich alles wieder im Rucksack und mache mich auf den Weg zur Bahnstation. Die *Elektritscheskaja* kommt erwartungsgemäß pünktlich, die Badegäste mischen sich unter die Berufspendler und eine Dreiviertelstunde später stehen wir alle wieder auf dem Bahnhofsvorplatz in Nowosibirsk.

Anschließend im Hostel mache ich mich reisefertig. Duschen, die notwendigen Dinge für die nächsten 1½ Tage in den kleinen Rucksack, alles andere in den großen Rucksack, dann gegen 23 Uhr der finale Marsch wieder zurück zum Bahnhof. Um exakt 23:59 Uhr setzt sich der Zug in Bewegung. Diesmal habe ich wieder eine Pritsche oben in der Vierer-Nische. Platz 20 wie bei der ersten Fahrt. Leider nicht Waggon 1 hinter der Lok, wo man die Signalpfeife so schön hören konnte. USB-Anschlüsse zum Smartphone laden, wie bei der ersten Fahrt, gibt es nicht, hier draußen in den Weiten Russlands muss man Verzicht üben. Die geschniegelten Waggons fahren scheinbar nur von Moskau aus.

Aber die Zeichen stehen gut für eine ruhige Nacht. In meiner Nische sind nur Frauen, neben mir eine Zwölfjährige. So laut wie Roman in der ersten Nacht wird sie hoffentlich nicht schnarchen.

Erkenntnis des Tages

Sandstrand in Sibirien ist keine Fata Morgana.

TAG **13** ДЕНЬ

Moskau
Москва́

Jekaterinburg
Екатеринбу́рг

Nowosibirsk
Новосибирск

Irkutsk
Ирку́тск

Wladiwostok
Владивосто́к

Weiter, weiter nach Sibirien

Nachdem nun gestern eine Minute vor Mitternacht der Zug in Nowosibirsk abfuhr, kehrte relativ schnell Ruhe ein. Die Leute waren alle müde und wollten nur noch schlafen. Die Schaffnerin ging nach Abfahrt des Zuges wieder durch die engen Gänge, sammelte die Fahrkarten ein und teilte das Bettzeug aus. Die Fahrgäste verstauten routiniert ihr Gepäck, tauschten Jeans gegen Jogginghose und bezogen ihre Pritschen mit der frischen Bettwäsche. Zug 008N brauste durch die Dunkelheit Sibiriens. Die Schaffnerin dimmte das Licht und das gleichmäßige babam-babam der Schienenstöße ließ kaum ein halbes Stündchen später den ganzen Wagen in einen friedlichen Schlaf fallen.

Die Zwölfjährige hat nicht geschnarcht. Sie steigt nun mit ihrer Mutter und der dritten Dame aus meiner Vierer-Nische beim Halt in Krasnojarsk aus. Hier hält der Zug um 12:51 Uhr und wir haben 40 Minuten Aufenthalt. Daher steige ich natürlich auch aus und mein Weg führt mich dabei standardmäßig wieder auf den Bahnhofsvorplatz. Der hiesige Bahnhofsvorplatz ist sehr gepflegt, die historische Bausubstanz des Gebäudes toll saniert. Viele deutsche Bahnhöfe können mit ihrer Optik im funktional-zweckmäßigen Stil da nicht mithalten.

Mit knapp einer Million Einwohner ist Krasnojarsk etwas kleiner als Nowosibirsk. Dafür aber deutlich älter, bereits 1628 von Kosaken gegründet. Der wirtschaftliche

Aufschwung kam allerdings erst mit dem Bau der Transsibirischen Eisenbahn um 1900. Aufgrund der zentralen Lage in Russland, weit weg von allen möglichen Landesgrenzen, waren hier zu Sowjetzeiten Atom- und Rüstungsindustrie angesiedelt. Da hier auch die russischen Goldbarren hergestellt wurden, war Krasnojarsk eine „geschlossene Stadt“ und für Ausländer absolut tabu. Die in der Nähe befindliche Stadt Schelesnogorsk ist bis heute für Ortsfremde nur mit Sondergenehmigung zugänglich. Wegen ihrer kerntechnischen Anlage zur Herstellung von Plutonium trug sie zu Sowjetzeiten den Tarnnamen „Krasnojarsk-26“ und war auf keiner Landkarte verzeichnet.

Heute lässt sich auf dem Bahnhofsvorplatz unbehelligt umherspazieren. Jetzt um die Mittagszeit habe ich etwas Hunger. An einer Imbissbude lässt mir eine mit Zwiebeln und Hähnchenfleisch gefüllte Teigtasche das Wasser im Munde zusammenlaufen. Freundlicherweise werden diese direkt in der Mikrowelle noch mal warm gemacht. Nur

Krasnojarsk – Hauptbahnhof

- 2003 umfangreich umgebaut und modernisiert im historischen Gewand
- Schöner Vorplatz

Zielgruppe
Jedermann

Bewertung
★☆☆

warum entfernt die Verkäuferin vorher nicht die Frischhaltefolie, in der die Teigtaschen auf ihren Verkauf warten? Das habe ich so auch noch nicht erlebt, mitsamt der Folie kommt die Teigtasche für eine Minute bei 800 Watt in die Strahlenkammer. Ich hoffe nur, die Folie ist auf Basis von Maisstärke produziert. Es schmeckt trotzdem und als Nachtisch gönne ich mir am Bahnsteig noch ein Eis.

Als Wechselgeld an der Imbissbude bekomme ich im Übrigen einige 10-Rubel-Scheine. Die sind in der Zwischenzeit recht selten und ich habe sie auf der ganzen Reise noch nicht gesehen. 10-Rubel-Scheine werden schon seit einiger Zeit durch 10-Rubel-Münzen ersetzt. Meine Exemplare sind von 1997 und ich lege mir einen direkt auf die Seite, der wird auf keinen Fall ausgegeben! Witzig, dass mir die Scheine ausgerechnet in Krasnojarsk zwischen die Finger kommen, denn auf dem 10-Rubel-Schein sind drei Bauwerke abgebildet: die Paraskeva-Kapelle, die Brücke über den Fluss Jenissei sowie, auf der

Mittlerweile eine Seltenheit, weil durch Münzen ersetzt, der 10 Rubel-Schein

Rückseite, das zweitgrößte Wasserkraftwerk Russlands. Nun dürft ihr dreimal raten, in welcher Stadt diese drei Wahrzeichen zu finden sind? Richtig: in Krasnojarsk!

Zurück im Zug ist meine Vierer-Nische schon wieder voll belegt. Unten zwei resolute Damen um die 60, oben eine junge Frau Mitte 20. Der ganze Zug ist wieder voll besetzt, alle Pritschen schon wieder frisch bezogen! Die junge Frau wird in den nächsten acht Stunden ihre Pritsche nur einmal für fünf Minuten verlassen. Die beiden resoluten Damen werden in den nächsten acht Stunden nur einmal für fünf Minuten schweigen. Mir klingeln die Ohren! Aber gut, nett sind die Damen. Sie bieten mir einen ihrer Äpfel an. Mit Druckstellen und Madenlöchern zwar, dafür aber 100 % bio von ihrer *Datscha!* Beide können etwas Deutsch und es ist ein Spaß für sie, aus ihrem Gedächtnis einige Sätze in Deutsch hervorzukramen, die sie vor 50 Jahren in der Schule gelernt haben. Ich lobe sie für ihre außerordentlichen Sprachkenntnisse. Gerade die älteren Semester haben oftmals in der Schule noch die deutsche Sprache gelernt. Ich erkläre es mir mit der doch recht engen Verbundenheit zwischen Russen und Deutschen in der Vergangenheit. Viele deutsche Generäle, Architekten und Wissenschaftler standen in den Diensten des

Datscha

Ein Wochenend- oder Gartengrundstück mit einem meist eher einfachen Wohngebäude. Insbesondere die Bewohner der Großstädte verbringen ihre Freizeit gerne in ländlicher Umgebung mit Wald, Wiesen oder einem See in der Nähe und fahren auf ihre Datscha. Die Datscha dient neben der Erholung auch dem Anbau von Obst und Gemüse, in etwa vergleichbar mit einem Schrebergarten in Deutschland.

Zaren. Nach der siegreichen Schlacht bei Poltawa, in der Zar Peter der Große 1709 die Schweden schlug, wurde Russland für die europäischen Fürstenhäuser so richtig interessant. In der Folge wurden fast alle russischen Zaren mit deutschen Fürstinnen vermählt. Heute ist die deutsche Sprache natürlich nicht mehr so hip und den jungen Russen wird vernünftigerweise Englisch beigebracht.

Außerhalb des Zuges ändert sich die restlichen Stunden des Tages nichts am gewohnten Bild. Viel Grün, Bäume, Wiesen. Ab und an kleinere Siedlungen. Russische Idylle entlang der Eisenbahngleise. Beim Zwischenhalt in Ilanski gibt es noch mal eine kleine Abwechslung und ich kann mir für zehn Minuten die Füße vertreten. Wie auf fast jedem Bahnhof ist auch hier wieder eine historische Dampflokomotive zu bestaunen.

Ilanski ist eine kleine Stadt mit ungefähr 15.000 Einwohnern, die in der Hauptsache von der Transsib und den angeschlossenen Eisenbahnwerkstätten lebt. Im Unterschied zu vielen anderen Ortschaften entlang der Transsib ist Ilanski aber schon einige hundert Jahre alt. Ende des 18. Jahrhunderts bestand der Großteil der Bevölkerung aus Verbannten aus den europäischen Teilen Russlands.

Der Halt dauert nur 16 Minuten und so geht unsere Reise gen Osten zügig weiter. Freundlicherweise hängt vorne im Waggon, beim *Samowar* für das heiße Tee- und Suppenwasser, auch immer ein Fahrplan aus. Hier lassen sich prima die Zwischenstopps, die Dauer des Aufenthalts und die Entfernungskilometer in Erfahrung bringen. So

Samowar

Russland ist ein Land der Teetrinker. Traditionell wird schwarzer oder grüner Tee aus China getrunken. Für die Zubereitung des heißen Wassers fehlt es in kaum einem Haushalt an einem Samowar. Samoware sind Wasserkocher, die in unterschiedlichsten Größen und Funktionsweisen – vom kunstvoll verzierten Tischgerät bis hin zum großen Boiler – auch in den Wagen der transsibirischen Eisenbahn zu finden sind.

kann ich stets gut die Zeiten für meine Spaziergänge planen. Wir haben es jetzt kurz nach 18 Uhr und beim Blick auf den Plan erkenne ich, dass bis Irkutsk noch zwei längere Stopps vorgesehen sind. Um 23:37 Uhr ein 13-minütiger Halt in Nischneudinsk und um 03:42 Uhr ein 29-minütiger Halt in Sima. Beides allerdings zu nachtschlafender Zeit, sodass der nächste Spaziergang erst am Zielbahnhof in Irkutsk stattfinden wird.

So schaue ich die nächsten Stunden weiterhin die vorbeiziehende Landschaft an, im Hintergrund ohne Pause die Gespräche der beiden resoluten Damen. Nach dem Halt in Taischet gegen halb zehn setzt allgemeines Bettenbauen ein und auch ich lege mich in die Falle. Selbst jetzt, wo schon alle Passagiere in den Betten liegen, reden die unter mir immer noch. Ich wünsche mir eine schnarchende Zwölfjährige!

Erkenntnis des Tages

Sibirien ist nicht das Ende der Welt:
Es geht noch weiter … viel weiter.

TAG 14 ДЕНЬ

Moskau
Москвá

Jekaterinburg
Екатеринбу́рг

Nowosibirsk
Новосибирск

Wladiwostok
Владивостóк

Irkutsk
Ирку́тск

In der Verbannung

Liebe Leute, glaubt bloß nicht, dass eine 30-stündige Bahnfahrt irgendetwas mit Erholung zu tun hätte. Mal ist es zu warm, mal ist es zu kalt, die Pritschen sind zu kurz, der Rücken schmerzt vom Liegen. Und dann diese permanent quasselnden Frauen. Haben die doch tatsächlich nachts um 3:45 Uhr ihre Unterhaltung vom Vorabend fortgesetzt. Der gesamte Waggon ist am Schlafen, nur die beiden können nicht still sein. Wenigstens haben sie auf mein international verständliches „Pssst" reagiert und noch einmal für zwei Stunden Ruhe gegeben. Am liebsten hätte ich international verständlich die Faust kreisen lassen. Aber gut. Andere Länder, andere Unverschämtheiten. In Angarsk, zwei Stationen vor dem Hauptbahnhof Irkutsk, sind die beiden Damen dann ausgestiegen. Zumindest die letzten 50 Minuten der Reise herrscht Ruhe in meiner Vierer-Nische.

Einmal mehr pünktlich auf die Minute, um 08:07 Uhr, kommt der Zug im Bahnhof von Irkutsk zum Stehen. Wie schaffen das die russischen Eisenbahner bloß? Und wo ist die Sonne hin, die mich auf meiner Reise durch Russland bisher so zuverlässig begleitet hat? Hier ist leider Regenwetter. Aber halb so wild, laut Wetterbericht soll es die nächsten Tage wieder sonnig werden. Außerdem bin ich dermaßen müde, dass ich heute wohl sowieso keine ausgedehnten Wanderungen unternehmen werde. Ein kleiner Spaziergang wartet jetzt aber trotzdem auf mich. Vor dem

Bahnhof stehen zwar eine Menge *Marschrutkas* bereit, auch rumpelt ab und an eine Straßenbahn vorbei, ich gehe aber doch lieber zu Fuß zum Hostel. Eine gute halbe Stunde bin ich unterwegs, erst über die große Brücke über den Fluss Angara, dann noch ein Stück durch die Altstadt. Wow, das *Rolling Stones* ist endlich wieder ein richtiges Hostel, wie man es sich als Traveller wünscht. Jung, stylisch, international! Diese drei wichtigen Eigenschaften haben dem Wohnheim in Nowosibirsk völlig gefehlt. Das konnte selbst Irinas *Borschtsch* am ersten Abend nicht kaschieren! Als ich gegen 9 Uhr im Hostel ankomme, ist es noch zu früh, um direkt mein Zimmer zu beziehen. Ich kann aber schon den Blick über den gemütlichen Aufenthaltsbereich inklusive Küche schweifen lassen und fühle mich direkt wohl. Auf den Sofas hängen ein paar Reisende ab und warten zwischen ihrem Gepäck auf die Abreise. Ich kann mein Gepäck nach dem Check-in in einem separaten Raum verstauen, bekomme noch ein paar Tipps bezüglich einer netten Location für ein Frühstück und schon bin ich wieder unterwegs. Ein paar Minuten zu Fuß vom Hostel entfernt gönne ich mir dann ein gescheites Frühstück, denn ich bin von der Bahnfahrt nicht nur müde, sondern auch ausgehungert. Das hübsche Restaurant ist um diese Zeit noch recht leer, einige Gäste lassen es sich aber bereits schmecken. Bei mir gibt es natürlich wieder nur russische Spezialitäten. Zuerst *Kascha,* einen Haferbrei, anschließend drei leckere und nett dekorierte Quark-Küchlein. Obendrauf einen großen Kaffee und meine Lebensgeister kehren langsam zurück.

Wetterbedingt ist die Stadtbesichtigung kurzerhand auf morgen verschoben. Aber natürlich nutze ich das Regenwetter optimal und werde mir zwei Museen anschauen. Das erste Museum befindet sich in einem alten Holzhaus, in dem einer der bekanntesten Dekabristen Sibiriens, Fürst Sergei Petrowitsch Trubezkoi, um 1840 gewohnt hat. Dekabristen waren gut gebildete Adlige, die für mehr Demokratie und Bürgerrechte eintraten. Den Floh haben ihnen die liberalen Franzosen während der napoleonischen Kriege ins Ohr gesetzt. Das Fass zum Überlaufen brachten diese rebellischen Adligen, die meist als Offiziere in der russischen Armee dienten, im Dezember (russ. „Dekabr") 1825, als sie aus Protest den Eid auf den neuen Zaren Nikolaus I. verweigerten. Schlimmer noch, mit einer Revolte in St. Petersburg sollte der neue Zar gewaltsam zum Thronverzicht bewegt werden. Das autokratische Zarenregime konnte mit dieser Art von Ungehorsam natürlich nicht sonderlich konstruktiv umgehen. Der Aufstand wurde nach einem kurzen Gefecht niedergeschlagen, die Anführer wurden einen Kopf kürzer gemacht, der Rest kam in die Verbannung nach Sibirien.

Verbannung

Die Verbannung nach Sibirien war im zaristischen Russland eine gängige Bestrafung für Kriminelle und Gegner des Herrschaftssystems. Sibirien war damals noch zu einem großen Teil unerschlossen. Mit den Verbannten entledigte sich der Zar nicht nur unliebsamen Elementen, sondern sorgte gleichsam für eine Zivilisierung der weit entfernten Gebiete. Der Weg in die Verbannung war für die Delinquenten beschwerlich. Monatelange Fußmärsche auf unwegsamen Straßen waren der Auftakt für ein Leben in Einöde und Kälte. Auch später, in der Sowjetzeit, wurden viele Menschen in die GULAG genannten Straf- und Arbeitslager geschickt, wo hunderttausende Insassen starben.

Trubezkoi Museum

- Ehem. Wohnhaus eines nach Sibirien verbannten Fürsten
- Aus der Zeit um 1840

Zielgruppe Jedermann, für Kinder evtl. langweilig

Bewertung ★★☆

- Exponate vom Mammutstoßzahn bis zum Maskottchen „Zabivaka" der Fußball-WM 2018
- Schön saniertes ehemaliges Schulgebäude

Zielgruppe Jedermann

Bewertung ★★☆

Museum der Stadtgeschichte

Nun bedeutete Sibirien damals wirklich noch „sehr weit weg“, es gab ja noch nicht einmal die Eisenbahn. Weil die Dekabristen Bildung und Fortschritt in die Einöde brachten, spielten sie für die Entwicklung dieser Region eine bedeutende Rolle. Nach vielen Jahren Zwangsarbeit wurden sie begnadigt und konnten in den europäischen Teil Russland zurückkehren, oder sie blieben und richteten sich nette Häuser ein. Die Zarenzeit hat überall ihre Spuren hinterlassen.

Beim Verlassen des Museums lasse ich mir von den freundlichen Mitarbeiterinnen direkt den Weg zum nächsten Museum erklären. In der Zwischenzeit hat es auch aufgehört zu regnen und innerhalb von zehn Minuten stehe ich vor der Tür zum Museum der Stadtgeschichte (wörtlich: Museum der Geschichte der Stadt Irkutsk). Wie schon beim Museum zuvor halten sich die Besucherzahlen sehr in Grenzen. Ein trüber Freitagmittag im Hochsommer ist daher eine perfekte Empfehlung für sibirische Museen. Die Museumsmitarbeiter begrüßen jeden einzelnen Besucher mit freudiger Erregung und man genießt einen ungestörten Blick auf alle Exponate. Das Museum für Stadtgeschichte war in früheren Zeiten ein Schulgebäude und wurde 2009 renoviert seiner neuen Bestimmung übergeben. Was für eine tolle Architektur! Die Sammlung ist für meinen Geschmack allerdings etwas unfokussiert und reicht vom Mammutstoßzahn bis zum Maskottchen „Zabivaka“ der Fußball-WM 2018. Aber der Parkettboden ist makellos, alle Besucher müssen Füßlinge über die Straßenschuhe streifen. Und alle Füßlinge werden regelmäßig gewaschen. Vorschrift ist Vorschrift und Hygiene nicht hoch genug einzuschätzen!

Nach einer Stunde verlasse ich das Museum wieder. Wahnsinn, was für ein Verkehrschaos auf der Straße herrscht. Das war doch eben noch so ruhig? Es ist wohl wie in Deutschland, freitags um 14 Uhr sind alle unterwegs nach Hause. Die große Baustelle trägt auch nicht zum besseren Verkehrsfluss bei, die Straße „Oktoberrevolution" bekommt wohl demnächst eine neue Asphaltdecke. Einstweilen fahren die Autos, ähnlich wie in Jekaterinburg, durch die geschotterte Straßenbaustelle.

Ab 14 Uhr kann ich mein Zimmer beziehen und vor allem eine Dusche nehmen! So laufe ich entlang der Karl-Marx-Straße zurück zum Hostel. Die Karl-Marx-Straße führt durch das historische Zentrum von Irkutsk mit einer Menge alter Gebäude. Der Autoverkehr ist für russische Verhältnisse fast als gering zu bezeichnen, man kann sogar sagen, es ist gemütlich, hier entlang zu spazieren. Eine interessante Militariaausstellung erinnert mich allerdings

Karl-Marx-Straße

- Quirlige Straße durch das historische Zentrum mit Geschäften und Restaurants
- Für russische Verhältnisse relativ wenig Autoverkehr

Zielgruppe
Jedermann

Bewertung
★★★

schnell wieder daran, dass ich in Russland bin. Die Gerätschaften gehören zum Außenbereich des Museums des örtlichen Hauses der Offiziere.

Das *Rolling Stones* Hostel liegt zentral in einer kleinen Seitenstraße der Karl-Marx-Straße. Gebucht habe ich es, wie alle Hostels auf dieser Reise, im Voraus über das Internetportal *booking.com*. Das hat bisher tadellos geklappt, zur Not bin ich sogar flexibel und kann meine Buchungen bis kurz vor Anreise kostenfrei stornieren. Einen Grund das *Rolling Stones* zu stornieren, gibt es in keinster Weise! Im Gegenteil, wer eine hippe Unterkunft sucht, ist hier absolut richtig. Mit 9,6 von 10 möglichen Punkten belegt es von allen Hotels und Hostels, die in Irkutsk angeboten werden, den 1. Platz bei der Beliebtheit.

Das wissen offensichtlich auch die vielen Reisenden aus allen Ländern dieser Welt zu schätzen, Russen sehe ich außer an der Rezeption keine. Die russischen Mitarbeiter sind echt cool, alles junge Leute, manche mit Tattoos und Piercings, alle sprechen Englisch und sind ausgesprochen freundlich und hilfsbereit. WLAN ist Standard, kostenlos Tee und Gebäck ebenso. Der neueste Hit sind Kapsel-Hostels, sozusagen das Maximum an Privatsphäre in einem Raum, mit sech bis zehn Mitschläfern. Stehen in einem Hostel vom alten Schlag lediglich einfache Doppelstockbetten im Raum, so gibt es in den moderneren Hostels bereits Vorhänge zum Zuziehen an den Betten. Hier in Irkutsk schläft jeder in seiner Kapsel, zwei übereinander und drei nebeneinander in einem Raum, viel Privatsphäre und viel Platz für Klamotten. Noch mehr Privatsphäre geht nur in den Doppelzimmern, die hier auch gebucht werden können. Für die Betreiber lohnt sich dieses Konzept auch, denn es gibt mehr Schlafplätze auf weniger Raum.

Eigentlich möchte ich nur noch irgendwo in einem Restaurant zu Abend essen und dann beizeiten ins Bett. Erstaunlich, dass ich den ganzen Tag durchgehalten habe, obwohl der geplante Mittagsschlaf ausgefallen ist. Also habe ich am späteren Nachmittag noch einmal eine kleine Runde gedreht. Am Zentralmarkt verkaufen täglich unzählige Händlerinnen und Händler unter anderem ihr Obst, Gemüse, Fleisch, Fisch. Hier schaue ich morgen noch einmal genauer vorbei. Interessant sind aber heute schon die vielen *Marschrutkas*, die an der einen Seite des Marktes stehen und die Leute vollgepackt bis übers Dach auf die Insel Olchon im Baikalsee oder zu anderen Zielen fahren. Ein Stück weiter ist der öffentliche Busbahnhof,

Das hippe und internationale Hostel „Rolling Stones“.
Übernachtet wird in Kapseln … gefühlt fast wie in einem Einzelzimmer

von hier aus möchte ich morgen zum Baikalsee. Mal sehen, wo es die Tickets zu kaufen gibt. An der Wand hängt im großen Format eine handschriftliche Übersicht, welche Busse wann wohin fahren. Gar nicht so leicht da durchzublicken. Ich frage am Fahrkartenschalter die Verkäuferin: „Gleich morgen früh der erste Bus nach Listwijanka zum Baikalsee, bitteschön!" Mist, schon ausgebucht? Erst um 11 Uhr gibt es einen freien Platz? Das ist aber spät, was mach ich denn jetzt? „Wollen Sie jetzt oder nicht?" „Naja, ok, dann bitte ein Platz für 11 Uhr." Obwohl das eigentlich zu spät ist. „Oder, wie sieht es denn am Sonntag aus?" „Meine Güte, jetzt habe ich schon die Buchung für Samstag angefangen!" „Wenn Sonntagfrüh noch ein Platz frei ist, nehme ich lieber diesen." „Himmelherrgott noch einmal. Ja, Sonntag geht!" „Spitze, Sonntagmorgen 8:30 Uhr, einen Platz bitte!" Zum Schluss hat sie mich aber doch noch angelächelt.

Bin ich froh! Jetzt habe ich das Ticket sicher, ich werde den Baikalsee sehen! Ein Glück, dass ich mich heute schon

Zentralmarkt

- Lebhafter Wochenmarkt mit Händlern für Obst, Gemüse, Fleisch, Fisch …
- Sammelpunkt für Kleinbusse zum Baikalsee

Zielgruppe
Jedermann

Bewertung
★★☆

darum gekümmert habe. Im Vorbeigehen in den Bus zu steigen, hätte nicht funktioniert. Nicht auszudenken, wenn kein Platz in der *Marschrutka* frei gewesen wäre. Völlig tiefenentspannt kann ich mir nun ein köstliches Abendessen in einem netten Restaurant auf der Karl-Marx-Straße gönnen. Natürlich gibt es wieder russische Küche, sogar ein russisches Bier!

Erkenntnis des Tages

„Psst" heißt auch auf russisch „Psst".

TAG 15 ДЕНЬ

Moskau
Москва́

Jekaterinburg
Екатеринбу́рг

Nowosibirsk
Новосибирск

Wladiwostok
Владивосто́к

Irkutsk
Ирку́тск

Eine Stadt zum Wohlfühlen

Neben der Eisenbahn ist in Russland unbedingt auch auf die Wetterprognose verlass, was für ein Kaiserwetter heute. Vom gestrigen Regen keine Spur mehr. Strahlender Sonnenschein, sommerliche Temperaturen, eine entspannte Atmosphäre. Nach der touristischen Schonkost in Nowosibirsk blüht hier das Herz wieder auf. Diese Tatsache mag eine Nebenrolle spielen bei meiner Empfehlung direkt zu Beginn des Tages: Wenn ihr beim Preisausschreiben eine Reise in eine russische Stadt eurer Wahl gewinnt, entscheidet euch für Irkutsk! Und wenn ihr im Hauptrang auch noch die Unterkunft wählen dürft, dann das *Rolling Stones* Hostel. Ich verteile direkt zu Beginn des Tages schon reichlich Vorschusslorbeeren. Aber ihr werdet sehen, völlig zu Recht.

Nach einem kleinen Frühstück im Hostel starte ich meinen Rundgang durch die historische Altstadt von Irkutsk. Entlang der Karl-Marx-Straße geht es erst einmal Richtung Fluss Angara.

Ich bin gestern bereits einige Male hier entlanggelaufen, aber diese Schönheit ist mir überhaupt nicht aufgefallen. Eine solche Straße habe ich in ganz Russland noch nicht gesehen. Sie wirkt unglaublich elegant und erinnert mich ein wenig an den ein oder anderen Westernfilm aus meiner Kindheit. Eine breite, staubige Straße, nahezu menschenleer. Links und rechts stehen altehrwürdige Gebäude mit nur zwei oder drei Stockwerken. Historische Straßenbeleuchtung. Blauer Himmel, lange Schatten. Ruhe. Jetzt noch eine Pferdekutsche und die Illusion wäre perfekt.

Irkutsk ist eine Stadt mit knapp 350 Jahren Historie und überschaubarer Größe von 600.000 Einwohnern. Wenn sie auch ihre Bedeutung als politisches und wirtschaftliches Zentrum Sibiriens an Nowosibirsk abtreten musste, so hat Irkutsk den Status als eines der wichtigsten kulturellen Zentren Sibiriens beibehalten. Zumindest im Stadtzentrum kaum architektonische Sünden aus Sowjetzeit, im Gegenteil, reichlich Stein- und Holzhäuser, ja ganze Straßenzüge aus der vorkommunistischen Zeit. Straßen und Fußwege sind zwar auch hier marode, aber damit haben sich die Russen scheinbar im ganzen Land arrangiert. An der Kreuzung Karl-Marx-Straße und Lenin-Straße steht ein schönes Häuserensemble aus der Zeit um 1900. Aber wo sind bloß all die Touristen, all die Reisebusse, die Menschenmassen? Es ist Samstag am späten Vormittag, trotzdem ist es eine traumhaft relaxte Stimmung. So ganz touristenfrei kann es auf der Karl-Marx-Straße aber nicht immer sein, anders kann ich mir das Restaurant *Bier-Haus* nicht erklären. Europäische Küche mit deutschem Akzent wird hier seit 2003 angeboten. Auch hier steht ein sowjetisches Führerdenkmal. Die visionäre Armhaltung zeigt trotzdem die Richtung an: „Vorwärts immer, rückwärts nimmer!“

Ein Stück weiter steht das schöne Gebäude des Schauspielhauses aus dem Jahr 1897 verwaist da und wartet auf den Saisonstart im September. Theaterschauspieler und Opernsänger sind auch in Irkutsk im August allesamt auf der Datscha.

Direkt hinter dem Schauspielhaus befindet sich das sehr in die Jahre gekommene Trud-(Fußball-)Stadion. Der zweitklassige Club FK Swesta Irkutsk hat hier bis zu seiner Pleite 2008 seine Heimspiele ausgetragen. Im Winter wird die Rasenfläche zur Eisfläche umfunktioniert, bei -20 °C kein Problem. Dann wird „Bandy" gespielt, ein dem Eishockey sehr ähnliches Spiel, statt dem Puck wird allerdings ein kleiner Ball verwendet. In der Szene weltweit bekannt wurde der Verein Baikal Energy aus Irkutsk im Jahr 2017. In einem Ligaspiel der Russischen Superliga gewann Baikal Energy gegen das Team Wodnik Archangelsk mit 11:9. Alle Tore waren Eigentore.

Die Russen sind eben Sportskanonen, davon kann ich mich etwas später einmal mehr überzeugen. Ihre physische Fitness ist unbestritten, bei der Auswahl des Trainingsgerätes sind sie auch nicht zimperlich. Als Trainingsgelände hat man sich die kleine Open-Air-Bühne auf der Insel der Jugend im Fluss Angara ausgesucht. Eine wirkliche Idylle. Über eine kleine Fußgängerbrücke kommt der Erholungsuchende leicht auf die Insel, man kann im Grünen spazieren, mit der Parkeisenbahn fahren, einen Kaffee trinken und eben ein paar Autoreifen stemmen. Aber die Russen haben auch Köpfchen. Kennt ihr noch Garri Kasparow, einen der besten Spieler der Schachgeschichte? Er hat zig Weltmeisterschaften für die Sowjetunion gewonnen, bevor er 2014 die kroatische Staatsbürgerschaft annahm. Der Nachwuchs trainiert fleißig, die stolzen Mütter sitzen auf den Parkbänken rund um die Schachtische und freuen sich über ihre eifrigen

Sprösslinge, die sich allesamt mit einem einzelnen älteren Herrn duellieren. Das Ende der Karl-Marx-Straße, welche hier in einem repräsentativ gestalteten Platz am Flussufer ausläuft, wird von einem Zarendenkmal gekrönt. Zu Ehren des 1894 verstorbenen Zaren Alexander III. errichtet, wurde die Bronzeskulptur nach der Oktoberrevolution 1917 von den Bolschewisten entfernt und vermutlich eingeschmolzen. Stattdessen kam auf das verwaiste Podest etliche Jahre später ein schmuckloser Betonobelisk. Es dauerte bis 2003, dass ein originalgetreuer Nachguss den Zaren wieder majestätisch in die Ferne Blicken lässt. Zu Füßen des Zaren komme ich mit Ivan ins Gespräch. Er baut mit mehreren Kollegen für eine Veranstaltung heute Abend ein paar Zelte auf. Er ist ein echter „Irkutsker Jung" und schwärmt mir von der Schönheit seiner Stadt und des Baikalsees vor. Letzteres besonders im Winter. Mittlerweile verstehe ich 20 % von dem, was mir die Leute erzählen. Wir tauschen Telefonnummern aus, da er erstmal weiterarbeiten muss. Später nach unserem Telefonat muss ich feststellen, dass ich doch nur 5 % verstehe, manche Russen sprechen aber auch sehr schnell! Vom Zarendenkmal flaniere ich nun ein kleines Stück entlang der schön gestalteten Uferpromenade. Vorbei am Denkmal für den Kosmonauten Juri Gagarin, der als erster Mensch im Weltall im gesamten Ostblock wie der Messias verehrt wurde, geht es zurück in die Stadt. Während in Nowosibirsk erst gar keine Kirchen gebaut wurden, haben die Kommunisten in Irkutsk Zweidrittel des Bestandes zerstört. Auch die Erzengel-Michael-Kirche gehörte dazu,

Mit Ivan am Fuße des Zarendenkmals
Die Jugend übt sich im Schachspiel
Open-Air Fitnesstraining auf der Insel der Jugend

Insel der Jugend

- Insel im Fluss Angara am südwestlichen Ende der Karl-Marx-Straße
- Freizeitpark, Tretbootverleih, Open-Air-Bühne

Zielgruppe
Jedermann, besonders Familien

Bewertung
★★☆

immerhin wurde sie nicht abgerissen. Zwischenzeitlich als Wohnheim für Studenten genutzt, sah sie am Ende der Sowjetära allerdings reichlich mitgenommen aus. Vor einigen Jahren erfolgte die Restaurierung und heute ist sie wieder ein richtiges orthodoxes Schmuckstück.

Wie bereits in Jekaterinburg folge ich auch in Irkutsk wieder einem auf den Asphalt gepinselten Strich. Statt rot ist er hier jedoch mint. Er führt mich auf den zentralen Platz der Stadt, den Kirow-Platz. Kirow-Plätze und -Straßen gibt es in Russland zuhauf. Man gedenkt hier dem verdienten Parteifunktionär Sergej Kirow, der 1934 ermordet wurde. Der Kirow-Platz in Irkutsk gilt als die Keimzelle der Stadt. Hier wurde 1661 ein Kosakenfort angelegt, aus dem später Irkutsk entstand. An der Stirnseite des Platzes sind Arbeiter gerade dabei, auf der gesperrten Straße eine Bühne aufzubauen. Großveranstaltungen und Feierlichkeiten finden regelmäßig auf dem Kirow-Platz statt. Noch ist aber alles ruhig und eine Reihe Händlerinnen können zwischen den gepflegten Blumenbeeten entspannt ihre kleinen Handwerksarbeiten feilbieten. Dominiert wird der Platz vom ehemaligen Parteigebäude der KPdSU. An dessen Stelle stand bis in die 1930er-Jahre mit der Kasaner Kathedrale eine der größten orthodoxen Kathedralen Russlands. Sie ist gerade einmal 40 Jahre alt geworden. Mehr Glück hatte, direkt dahinter, die 1713 geweihte Erlöserkirche. Zu Sowjetzeiten zunächst auch dem Verfall preisgegeben, begannen dann aber bereits in den 1970er-Jahren Rekonstruktionsarbeiten. Heute ist sie eines der ältesten Steingebäude Ostsibiriens. Die alte Dame ordentlich zu fotografieren stellt allerdings auch geübte Fotografen vor eine Herausforderung, da sich dichte Baumreihen um sie ranken. Fotos vom Innenraum mögen einfacher zu erstellen sein, werden den Fotografen aber enttäuschen. Die Kirche dient, zumindest im Vorraum, als russisch-orthodoxer Souvenirshop, in dem man Ikonen in allen Größen und von allen Heiligen kaufen kann. Ikonen haben in der Ostkirche und besonders hier in Russland eine große Bedeutung. Nach altem Brauch werden ihre Maler nicht als Künstler, sondern als Ikonenschreiber bezeichnet. Nach Fertigstellung werden die Ikonen geweiht. Dabei werden sie in der orthodoxen Kirche weder als Kunstgegenstände noch als Dekoration angesehen. Sie gelten Vielmehr als „Fenster zur himmlischen Wirklichkeit". Das versteht man, wenn man die Gläubigen in den Kirchen beobachtet. Ehrfurchtsvoll wird im stillen Gebet vor den Ikonen verharrt, es wird sich bekreuzigt und die Ikonen werden geküsst. An dieser Stelle frage ich mich

Kirow-Platz

- Zentraler Platz und Keimzelle der Stadt
- Oft genutzt für Großveranstaltungen

Zielgruppe
Jedermann

Bewertung
★★☆

immer, wie es um die Hygiene steht, wenn hunderte Menschen die Ikonen küssen. Es müssen wohl Gottes Kräfte im Spiel sein, die den Gläubigen nicht nur Seelenfrieden, sondern auch Gesundheit schenken.

Irkutsk hat wirklich Flair. Mal Holzhäuser, mal Steingebäude aus der Zeit um 1900. Die Holzhäuser faszinieren mich nach wie vor besonders. Hier gibt es im Zentrum der Stadt noch ganze Straßenzüge mit Holzhäusern. Irgendwie strahlen sie Geborgenheit und Ruhe aus. Ihr Zustand ist allerdings oftmals als renovierungsbedürftig zu bezeichnen, was mich immer etwas traurig stimmt. Auch der Wohnkomfort scheint nicht in jedem Haus auf der Höhe der Zeit zu sein. In einer Straße sehe ich, wie zwei Frauen an einer Handpumpe auf der Straße Wasser in Eimer füllen und diese anschließend in ihr Holzhaus tragen. Ich hoffe, sie haben wenigstens Strom im Haus. Ich fürchte die Anzahl der Holzhäuser wird sich auch in den nächsten Jahren weiter reduzieren und die Leute ziehen lieber in die neugebauten Wohnblocks.

Eine der ältesten Straßen der Stadt ist die Fußgängerzone in der Uliza Urickogo. Beim großen

Erlöserkirche

- 1730 geweiht und eines der ältesten Steingebäude in Ostsibirien
- Lange Zeit dem Verfall preisgegeben, seit einigen Jahren in Sanierung

Zielgruppe
Jedermann

Bewertung
★☆☆

Stadtbrand von 1879 komplett abgefackelt, jedoch wieder nett aufgebaut – dieses Mal aus Stein. Sie war in dieser Art die erste Flaniermeile Sibiriens. Gewöhnungsbedürftig sind hier allerdings die etlichen Mitarbeiter von Geschäften, die mit Megafonen auf der Straße stehen und arglose Passanten zum Kauf ihrer Waren animieren wollen.

Eines der besten, weil authentischsten und schmackhaftesten, russischen Restaurants ist das *Rassolnik.* Das wurde mir gestern bereits im Hostel empfohlen. Hier ist keine marktschreierische Werbung nötig. Gegen 17 Uhr bin ich bereits da, der Gästeansturm hält sich um diese Zeit natürlich noch in Grenzen. So kann ich der vollen Aufmerksamkeit des Personals sicher sein. Diese benötige ich auch, da ich nur russische Gerichte essen will und eine entsprechende Beratung brauche. Ein absoluter Traum ist der *Borschtsch.* Nicht nur die Optik, auch der Geschmack ist sensationell. Das Restaurant ist nostalgisch eingerichtet, in einem alten Fernseher läuft ein sowjetischer Spielfilm. Sehr gemütlich. Mit der Gemütlichkeit ist es nach dem Eintreffen einer chinesischen Touristengruppe allerdings abrupt vorbei. Das Verhalten dieser Gruppe lässt mich den Kopf schütteln. Dass sie hier zuhauf anzutreffen sind, kann man ihnen natürlich nicht zum Vorwurf machen. Dass diese spezielle Gruppe aber laut rumlamentierend im Restaurant fünf verschiedene Tische ausprobiert und dann immer noch nicht den richtigen gefunden hat, spannt den Geduldsfaden von Personal und restlichen Gästen bis zum Äußersten. Das *Rassolnik* befindet sich im Kvartal 130. Hier wurde in den letzten Jahren aus alten, rekonstruierten und neuen Holzhäusern ein neues Stadtviertel geschaffen. Aus einer ehemaligen ärmlichen Handwerkersiedlung wurde ein quirliges Viertel mit Geschäften, Restaurants, Kneipen, fliegenden Händlern und Straßenmusikanten. Die Ausgehmeile ist beliebt bei der Jugend von Irkutsk und den chinesischen Touristen.

Nach dem vorgezogenen Abendessen laufe ich erst über die Lenin-, dann über die Karl-Marx-Straße zurück zum Hostel. Ob die beiden Herren Lenin und Marx wohl die Musik der Rolling Stones gemocht hätten? Keine Ahnung, aber Die Internationale hätten sie im Hostel bestimmt angestimmt, inspiriert vom friedlichen Miteinander der Gäste, unabhängig von Nationalität und sozialer Herkunft. Viel Zeit bleibt mir nicht im Hostel, auf dem Abendprogramm steht ja noch das Kurzfilmfestival unten am Ufer der Angara zu Füßen von Zar Alexander III. Also wird schnell geduscht und in wärmere Klamotten geschlüpft, da es nach Sonnenuntergang recht frisch wird. Ivan hat tagsüber ordentlich gearbeitet. Pavillons, Technik, eine große aufblasbare Leinwand sowie Sitzgelegenheiten stehen parat. Leider sind letztere schon allesamt besetzt, ich hätte wohl doch eine halbe Stunde früher kommen sollen. Im Rahmenprogramm unterhalten Musikbands und Feuerartisten das begeisterte und zahlreiche Publikum. Besonders viel Spaß bringt eine Quizrunde, bei der das Publikum kleine Preise gewinnen kann. Ich verstehe weder Fragen noch Antworten, es ist aber trotzdem witzig. Als es eine Stunde später ausreichend dunkel wird, beginnen die Filmvorführungen. Es

Uliza Urickogo

- Eine der ältesten Straßen der Stadt und erste Fußgängerzone Sibiriens
- Nervige und laute Werbung der ansässigen Ladeninhaber

Zielgruppe
Jedermann,

Bewertung
★☆☆

Kvartal 130

- Neues Stadtviertel aus alten und neuen Holzhäusern
- Shops, Restaurants, Kneipen, Straßenmusikanten

Zielgruppe
Jedermann,
besonders junge Leute

Bewertung
★★☆

Im Restaurant Rassolnik: Der leckerste Borschtsch auf meiner Reise

ist nicht nur dunkler, sondern auch deutlich kühler geworden, aber ich bemerkte, dass hinter der Leinwand vom Veranstalter ein paar Decken verteilt werden. Ein ganz schönes Gerangel um die Decken beginnt, da sind die Russen ebenso wenig zimperlich wie die Deutschen, wenn es am Wühltisch die Sonderangebote gibt. Aber ich erwische eine Decke und mit dieser als Unterlage lässt es sich auf dem harten Boden ganz gut sitzen. Eine Ecke habe ich extra freigelassen, vielleicht mag sich ja noch eine der vielen umstehenden Personen dazu setzen. Keine fünf Minuten später sitzt ein Typ auf der Ecke. Es werden verschiedene Kurzfilme gezeigt, die vorher jeweils anmoderiert werden. Humor, Liebe: Alle Zutaten für gute Filme sind dabei!

Irgendwann wird es Zeit, den Heimweg anzutreten. Morgen früh um halb neun geht schon der Bus zum Baikalsee! Also verschenke ich meine Decke und gehe zum Hostel. Dabei fällt mir noch der Herrenausstatter *Köln* auf. Komisch, ich bin doch bei Tageslicht schon mehrfach hier vorbeigekommen. War der da auch schon da?

Erkenntnis des Tages

Der beste Borschtsch in ganz Russland wird in Irkutsk serviert.

TAG 16 ДЕНЬ

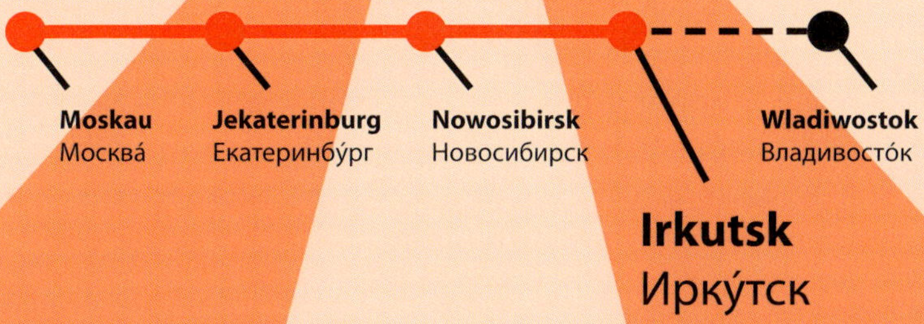

Moskau
Москвá
Jekaterinburg
Екатеринбýрг
Nowosibirsk
Новосибирск
Wladiwostok
Владивостóк
Irkutsk
Иркýтск

Wanderung am Baikalsee

Heute ist es soweit. Eines der absoluten Highlights meiner Reise wartet auf mich, der Baikal. Hier in Irkutsk spricht alles nur vom Baikalsee. Die Touristen sowieso, aber auch die Einheimischen. Die Stadt scheint ein riesiges Durchgangslager zum Baikal zu sein. Eine Stadtbesichtigung nimmt man gern mit, auch das Kulturprogramm, das eigentliche Ziel liegt aber 70 Kilometer weiter südöstlich und ist ein Naturprogramm. Mal spricht man vom Baikal, mal vom Baikalsee, gemeint ist stets das Gleiche: ein Mythos!

Lassen wir uns direkt mal die Fakten auf der Zunge zergehen. Mit mehr als 25 Millionen Jahren ist der Baikal nicht nur der älteste, sondern mit 1.642 Metern auch der tiefste Süßwassersee der Erde. Er ist der See mit dem größten Süßwasservolumen und enthält mehr Wasser als die Ostsee. Stellt euch doch bloß mal die Ostsee vor, das ist ein Meer und passt komplett in den Baikal. Die Lage kann durchaus als gebirgig bezeichnet werden, das 2.100 Kilometer lange Ufer erstreckt sich auf einer Höhe von 455 Metern über dem Meeresspiegel. Wir sprechen hier also von einem echten Superlativ der überdies von November bis Mai zugefroren ist, dann herrschen hier Durchschnittstemperaturen von -20 °C. Mal sehen, ob ich auch ein Exemplar der Baikalrobbe, der einzigen Robbenart, die nur im Süßwasser lebt, zu Gesicht bekomme. Hier wundern sich noch immer die Wissenschaftler, wie diese

Tiere überhaupt den Baikalsee kolonisiert haben können. Wahrscheinlicher ist es, dass ich in geräucherter Form den Omul sehe, eine ebenfalls nur im Baikal vorkommende Fischart.

Wer von Irkutsk zum See will, fährt in der Regel zur Ortschaft Listwjanka. Richtig cool wäre die Fahrt im Schnellboot über den Fluss Angara direkt von Irkutsk bis nach Listwjanka gewesen. Es gab aber schon lange keine Tickets mehr, die Plätze muss man deutlich im Voraus buchen. Außerdem sind die Abfahrtszeiten für meine geplante Tageswanderung nicht ideal. Eine gute und viel preiswertere Möglichkeit sind die *Marschrutkas*. Muss man allerdings auch vorher buchen, sonst wirds nix. Das habe ich ja zum Glück schon am Freitag gemacht. Sonntagmorgen der erste Bus, 8:30 Uhr! Der Check-in am Busterminal klappt reibungslos, Ticket vorzeigen und ab in den Hof, wo die Busse auf ihre Fahrgäste warten. Kein Gerangel um die besten Fensterplätze, alle Plätze sind nummeriert und bereits auf dem Ticket den Reisenden zugewiesen. Pünktlich um 8:30 Uhr sind alle 19 Plätze besetzt und die wilde Hatz beginnt. Eine Stunde lang prügelt der Fahrer die bemitleidenswerte *Marschrutka* nach Listwjanka. Immer entlang einer recht neuen Schnellstraße durch die Kiefernwälder parallel zum Fluss Angara. Ab und an ein kurzer Stopp, jemand steigt aus und jemand steigt ein. Der Fahrer ist anschließend stets bemüht, die verlorene Zeit schnellstmöglich wieder aufzuholen. Unbemerkt von den anderen Reisenden schnalle ich mich in der Zwischenzeit an. Aber keine Sorge, ich stelle mir einfach vor, dass das Gefährt, ein neuer Mercedes Sprinter, in den Sitzlehnen Airbags integriert hat. Um mich zu vergewissern, schaue ich noch mal auf mein Ticket. Nein, die Ankunftszeit liegt nicht VOR der Abfahrtszeit. Aus dem Radio fröhliche russische Popmusik. Nach einer Stunde Fahrt hält der Bus in Listwjanka. Vor der kleinen Touristeninformation, in der auch das Busunternehmen seine Tickets verkauft, steigen wir aus der tapferen *Marschrutka.* Viel los ist hier um 9:30 Uhr noch nicht, die Sonntagsausflügler kommen erst im Laufe des Vormittags. Noch kann ich die ganzen Eindrücke nicht genießen, da ich mit meinen Gedanken beim Organisatorischen bin: Rückfahrkarte und Genehmigung für den Wanderweg kaufen, was ist, wenn die späten Busse alle schon ausgebucht sind und nur zur Mittagszeit freie Plätze für die Rückfahrt angeboten werden? Ich bin etwas angespannt. Die junge Frau in der Touristeninfo verweist auf den leeren Schreibtisch neben ihr. Dort würden die Bustickets ab 10 Uhr verkauft. Das ist erst in einer halben Stunde, das geht doch alles von meiner Wanderzeit ab. Aber gut, nichts zu machen, dann besorge ich mir in der Zwischenzeit die Genehmigung für den Wanderweg. Das Holzhäuschen in dem die Wanderwegs-Verwaltung sitzt ist nur ein paar Meter entfernt, direkt an der Hauptstraße. Nach dem Eintreten stehe ich erstmal in einem leeren Raum. Noch bevor ich mich fragen kann, wo es denn die Genehmigung gibt, ruft schon aus der 1. Etage eine energische Stimme nach unten. „Komm hoch", oder so was in der Art. Ich gehe also die knarzende Holztreppe hoch, um die Ecke, in den nächsten

Raum. Hinter einem Schreibtisch sitzt ein älterer, kräftiger Oberforstdirektor. Stolz trägt er seine Uniform. Neben mir packt eine Wanderin die augenscheinlich gerade erlangte Genehmigung in ihre Tasche. Nun bin ich an der Reihe. Der Oberforstdirektor bietet mir den leeren Stuhl vor seinem Schreibtisch an. Er liest mit brummiger Stimme einige Details aus meinem Reisepass vor „Jan Merwitz“, „Deutschland“. Er sagt ein paar Wörter auf Deutsch, ich auf Russisch. Ja, man kann sagen, wir haben uns angefreundet! Zwischenzeitlich ruft er wieder „Komm hoch“, als unten die nächsten Wandersleute das Häuschen betreten. Dann werden Formulare ausgefüllt, Stempel verteilt: herrlich, dieser Verwaltungsakt! Nach Zahlung von 200 Rubel übergibt er mir die Genehmigung und wünscht mir einen schönen Tag.

Puh, das mit der Genehmigung für den Wanderweg hat ja schon mal problemlos geklappt. Jetzt geschwind zurück

Die Wandergenehmigung gibt es direkt an der Hauptstraße in Listwjanka beim brummigen, aber freundlichen Oberforstdirektor im 1. Stock

zur Touristeninfo. Meine Wanderroute ist auf mehrere Stunden ausgelegt. Nebst anschließend noch geplantem Spaziergang durch Listwjanka werde ich bis zum Abend hier sein. Alles andere als der letzte Bus des Tages würde meine Pläne arg zusammenstreichen. Der zweite Schreibtisch in der Touristeninfo ist noch immer nicht besetzt, wo bleibt denn die Verkäuferin bloß? Na gut, es ist noch nicht ganz 10 Uhr. Aber es lungern hier schon einige Leute rum, die so aussehen, als ob sie mir das letzte Ticket für den Abendbus wegschnappen könnten. Ruhig Brauner, alles wird gut. Da: Die junge Ticketverkäuferin erscheint. Jetzt geht es los. Oh man, was fummelt sie denn jetzt noch mit ihrem Handy rum, irgendwas klappt nicht mit dem Ladegerät. Wieso kommt sie morgens hier an und muss ihr Handy laden? Gibt es zu Hause keinen Strom? Ich biete ihr meine Hilfe an. Sie soll sich auf das Hochfahren ihres Rechners konzentrieren, damit der Fahrkartenverkauf endlich beginnen kann. Ich kümmere mich um ihr Handy. Die Elektroverkabelung hinter ihrem Schreibtisch ist absolut abenteuerlich. Der Stecker des Ladegerätes will einfach nicht in die lose von der Wand baumelnde Steckdose. Nach einiger Zeit des Probierens ist die Verbindung hergestellt, ich bin ganz überrascht, keinen Stromschlag bekommen zu haben. Die junge Verkäuferin ist happy und ihr Rechner hochgefahren. Und ich habe ein Ticket für den Bus um 20 Uhr heute Abend bekommen. *Yes!* Eine tiefe innere Ruhe durchfließt meinen Körper.

Der Wanderweg ist eindeutig ein Geheimtipp. Ich habe im Vorfeld reichlich recherchiert, bis ich überhaupt etwas darüber gefunden habe. Die „Great Baikal Trail" genannte Wanderroute wird seit einigen Jahren von vielen Freiwilligen aus der ganzen Welt Stück für Stück erweitert und in Schuss gehalten. Für diese mehrmals im Jahr stattfindenden *Workcamps* kann sich ein jeder bewerben. Wo der „Einstieg" zur Wanderung ist, muss man wissen. Hier auf der Hauptstraße in Listwjanka ist nichts ausgeschildert. Aber ich bin ja vorbereitet: Hier geht es lang. Eine unscheinbare Dorfstraße, die Ulitza Gudina, zweigt von der Hauptstraße ab, direkt hinter einer U-Boot-ähnlichen Halle, in der das örtliche Baikalrobben-Aquarium untergebracht ist. Am Anfang stehen noch drei viergeschossige Wohnblocks aus den 1960er-Jahren, die restliche Bebauung besteht aus Einfamilienhäusern, zumeist in Holzbauweise. So zieht sich die Straße über 1,5 Kilometer stetig bergan idyllisch durch die Siedlung. Vom später am Tage noch einsetzenden Trubel unten auf der Hauptstraße ist hier oben nichts zu spüren. Aktuell laufe ich allein die Straße entlang, keine weiteren Touristen in Sicht. In den Vorgärten werkeln hier und da die Bewohner. Etliche Grundstücke mitsamt den Holzhäusern werden zum Verkauf angeboten, der Zustand sieht meist nach nötiger Kernsanierung aus. Auffällig sind auch die vielen Schilder, die in russischer, englischer und inzwischen auch in chinesischer Sprache auf die Vermietung von Zimmern hinweisen. Ein paar Tage Urlaub könnte ich mir hier oben ganz gut vorstellen. Ruhig und ursprünglich.

Erst als die Dorfstraße zu Ende ist, gibt es einen Hinweis, dass ich auf der richtigen Fährte bin: „Great Baikal

Trail“. In seiner Endausbaustufe soll einmal ein Fernwanderwegenetz über 2.100 Kilometer Länge entstehen. Oberstes Ziel ist dabei ein sanfter Tourismus. Ich hoffe die russischen Verantwortlichen behalten diesen Ansatz bei und opfern dieses herrliche Stückchen Erde nicht eines Tages dem Massentourismus. Die Asphaltdecke der Dorfstraße ist inzwischen nahtlos in einen Feldweg übergegangen. Dieser wiederum reicht den Staffelstab relativ zügig an einen Waldweg weiter. Noch kommen hier grobstollige Fahrzeuge durch, wie die Spurenlage im Geläuf verrät. Nach einigen wenigen hundert Metern bestätigt sich dies auch. Etwas versteckt am Rande des Weges steht ein Geländewagen aus russischen Militärbeständen nebst zwei jungen Uniformträgern. Die Forstverwaltung: Es wird tatsächlich die Genehmigung für den Wanderweg kontrolliert. Die zwei Kontrolleure sehen nicht wie strenge Beamte aus, eher wie Studenten, die hier am Wochenende ihren Dienst schieben. Echt blöd, wenn man hier hoch stiefelt, ohne sich vorher beim brummigen Oberforstdirektor die nötige Genehmigung geholt zu haben. Vielleicht kann man hier mit einem kleinen Aufschlag die Genehmigung nachträglich erwerben, ansonsten heißt es: „Ab nach unten, Freundchen!“ Da ich die nötigen Dokumente dabeihabe, bin ich vollkommen sicher und muss nicht befürchten, als Wander-Wilderer zurückgeschickt zu werden.

Denn zurückgeschickt zu werden wäre sowohl für die Kondition als auch für die Zeitplanung nicht empfehlenswert gewesen. Diese Erkenntnis erlange ich in den folgenden Stunden. Aus dem Waldweg wird sehr schnell ein

Trampelpfad, der auch für die Forstverwaltung nicht mehr befahrbar ist. Die ersten 1½ Stunden führen mich ausschließlich bergauf. Von dichtem Grün umgeben genieße ich in vollen Zügen die Wanderung durch die augenscheinlich intakte Natur. An manchen Stellen frage ich mich durchaus, ob das *Workcamp* der freiwilligen Wanderweg-Erbauer hier bereits vorbeigekommen ist, oder ob ich lediglich irgendeiner Tierspur durch den Wald folge. Mental komme ich richtig runter, ein meditatives Erlebnis. Einigen anderen Wanderern begegne ich auf dieser Bergetappe, aber nicht vielen. Es gibt sogar die Möglichkeit, an einigen wenigen Stellen zu campen. Das muss wirklich abgefahren sein, hier die Nacht zu verbringen und am nächsten Morgen den Sonnenaufgang zu erleben. Dieses Erlebnis will aber verdient sein. Mit meinem leichten Tagesrucksack überhole ich eine kleine Gruppe, die sich hier mit schwerem Gepäck aus Zelt, Schlafsack und Campingzubehör hochquält. Oben angekommen – der Puls ist am Hämmern, die Zunge hängt am Boden, die Beine brennen –, sehe ich etwas durch die Bäume schimmern. Es ist keine Fata Morgana, es ist real, es ist der See.

Eine Pause wäre jetzt nicht nur schön, sondern wirklich nötig! Aber ich möchte unten am Ufer pausieren, also muss ich durchhalten! Mein Bewegungsapparat fragt mich, ob ich noch alle Sinne beisammenhabe, sämtliche Höhenmeter von eben werden wieder egalisiert. Der Trampelpfad schlängelt sich nun als Serpentine abwärts durch den Wald. Auf halbem Weg begegnet mir eine Frau, wenig später ein Mann. Letzterer macht einen ziemlich mitgenommenen Eindruck: roter Kopf, verschwitztes T-Shirt, langsame Schritte. Außer Atem fragt er, wie weit es noch bergan geht.

Ein paar Spitzkehren liegen definitiv noch vor ihm. Für mich dauert der Abstieg eine halbe Stunde, dann gibt es endlich die Belohnung. Ich höre das „Meer“ rauschen. Ja, der Baikalsee klingt wie ein Meer. Ich bin wirklich berührt von diesem phänomenalen Ausblick!

Aber ich will noch weiter: direkt ans Wasser zum Strand. An dieser Stelle ist das leider nicht möglich. Das Steilufer trennt mich fünf Meter vom See, erst hinter dem nächsten Hügel gibt es einen flachen Zugang zum Wasser. Also noch mal eine Stunde den nächsten Berg hochlaufen. Aber jetzt sieht und hört man den Baikal wenigstens. Das gibt Motivation und tolle Eindrücke. Seit 1996 bewegen wir uns hier auf UNESCO-Weltnaturerbe. Ist unter euch ein Botaniker? Sämtliche Kiefernstämme haben verkohlte Baumrinde! Nach Waldbrand sieht es hier eigentlich nicht aus. Falls doch, dann hat sich die Natur jedenfalls prächtig erholt. Nach einer halben Stunde bergauf geht es nun wieder eine halbe Stunde bergab. Laut Wanderkarte führt der Weg jetzt mehr oder weniger flach am Ufer entlang bis zum nächsten Ort Bolshie Koti. Bis dahin würde ich es heute noch schaffen, dann ist es aber viel zu spät für den Rückweg. Die zwei Mountainbiker, die mir entgegenkommen, sind wohl von Bolshie Koti bis hierher geradelt. Ich halte es allerdings für nahezu ausgeschlossen, dass sie den Weg nach Listwjanka, den ich gerade gewandert bin, mit ihren Fahrrädern absolvieren können.

Auf schmalen Wanderwegen entlang des Baikalsees

Im Hafen von Listwjanka

Wellen und Wind wie am Meer

Great Baikal Trail

- Grandiose Natur rund um den Mythos Baikal
- Wanderweg wird angelegt von freiwilligen Helfern aus aller Welt

Zielgruppe
Jedermann mit Kondition

Bewertung
★★★

Endlich liege ich am Strand. Feinsten Usedomer Sandstrand darf man nicht erwarten, das ist hier schon eine sehr steinige Angelegenheit. Obwohl ich die Badehose dabeihabe, gönne ich nur meinen Füßen den Spaß im Wasser. Das Wasser hat keine 14 °C und es bläst ein strammer Wind. Eine junge Dame ein paar Meter nebenan ist da mutiger, sie stakst wie ein Storch über die spitzen Steine ins Wasser, taucht zweimal unter und stakst wieder zurück. Respekt. Allerdings liegt sie nun auch schön eingemummelt da und wärmt sich auf. Ich habe nur ein schmales Handtuch dabei und meine kurzen Wanderklamotten, also habe ich keine Chance zum Einmummeln! Ich erhole mich einfach eine Weile und sammle meine Kräfte für den dreistündigen Rückweg über Stock und Stein.

Auf dem Rückweg gibt es keine besonderen Vorkommnisse. Nur mein Verlangen nach einer eisgekühlten Cola steigert sich ins Unermessliche. Ich bin wohl unterzuckert,

- Überregional bekannter Markt, insbesondere für geräucherten Omul
- Listwjanka ist von Touristen (insbesondere russischen) überlaufen

Zielgruppe
Jedermann

Bewertung
★☆☆

Fischmarkt in Listwjanka

das passiert mir ab und an bei längeren Wander- oder Fahrradtouren. Ich sollte mir angewöhnen, etwas Traubenzucker einzupacken. Auf dem Fischmarkt in Listwjanka kann jedoch Abhilfe geschaffen werden. Eine Cola auf ex, herrlich. Der Fischmarkt in Listwjanka ist weit über den Rand des Baikalsees hinaus bekannt. Hier gibt es geräucherten Omul ohne Ende, jeden Tag. In einer Fernsehreportage habe ich gehört, dass der gesamte Fisch auf diesem Markt gewildert ist, da nur ganz wenige Fischer eine Lizenz zum Fischfang im Baikalsee haben. Wenn die Kontrollen kommen, wird vielleicht schnell der importierte Ostseehering in die Auslage gelegt.

Es bleibt noch eine gute Stunde Zeit, um durch das Örtchen zu schlendern. Hier habe ich nichts verpasst. Alles voll mit Touristen. Auf der schmalen Straße herrscht Verkehrschaos, laut und aufgeregt. Der Ort ist heruntergekommen. Zudem gilt die Uferzone aufgrund der hohen touristischen Belastung als ökologisch tot. Auf dem See fährt gerade die Fähre von Bolshie Koti in Richtung Irkutsk vorbei. Das war mein ursprünglicher Plan, mit der *Marschrutka* nach Listwjanka, bis Bolshie Koti wandern und zurück nach Irkutsk mit der Fähre. Aber wie erwähnt, die Fähre war im Vorfeld schon ausgebucht. So nehme ich die *Marschrutka,* die pünktlich um 20 Uhr mit müden Passagieren zurück nach Irkutsk fährt.

Was hatte ich heute für eine Idylle. Ich rate euch, setzt euch in den Flieger, ich habe nur 1 % der Dinge gesehen, die man hier erleben kann, und bin wirklich fasziniert. Man kann locker mehrere Wochen Urlaub machen und den Mythos Baikal erleben. Und über das spezielle Erlebnis Winterzeit haben wir ja noch gar nicht gesprochen.

Erkenntnis des Tages

Ohne Cola keine Wanderung am Baikalsee.

TAG 17 ДЕНЬ

Moskau Москвá
Jekaterinburg Екатеринбýрг
Nowosibirsk Новосибирск
Irkutsk Иркýтск
Wladiwostok Владивостóк

Der Ferne Osten ruft

Eine gute Nachricht: Die Internetverbindung scheint doch sichergestellt zu sein. Daran habe ich gestern Abend kurzfristig mit größter Sorge gezweifelt. Ich habe die SMS meines russischen Mobilfunkdienstleisters allerdings wohl falsch interpretiert. Offensichtlich wird hier im Voraus bezahlt. Als sich mein Guthaben gestern von 304 Rubel auf 4 Rubel reduzierte, dachte ich nun ist es gleich aus mit der großen weiten Welt. Dabei ist jetzt der ganze Monat August bezahlt. Prima! Falls Ihr euch fragt, wie macht man das bloß mit Telefon- und Internetverbindung in Russland? Ganz einfach: Kauft euch eine russische SIM-Karte und legt diese im Tausch gegen eure deutsche SIM-Karte in das Telefon. Fertig. Ich nutze den russischen Anbieter „Megafon", der hat Shops in ganz Russland an jedem Flughafen, an jedem Bahnhof und in jedem Einkaufstempel. Für 600 Rubel gibts eine Karte mit 20 GB Datenvolumen inklusive aller innerrussischen Gespräche, das ist ein echtes Schnäppchen. Und an jedem Haltepunkt der Transsib hat man Empfang. Da muss man die Russen wirklich loben. Dazwischen, in den Birken- und Kiefernwäldern ist natürlich tote Hose, aber ein paar Stunden offline ist auch mal sehr angenehm.

Die Zeit in Irkutsk ist schon wieder vorüber. In der Lobby des Hostels warten einige Gäste auf ihre Abreise. Kurzerhand schließe ich mich mit einem jungen Pärchen aus der Schweiz zusammen, die auch zum Bahnhof wollen. Sie haben keinen richtigen Plan und wollen irgendwie mit der Straßenbahn zum Bahnhof. Ich biete an, gemeinsam ein Taxi zu nehmen. Das geht viel schneller, ist deutlich komfortabler und kostet nicht die Welt. Um 6:45 Uhr morgens steigen wir ins Taxi. Da ich den Weg vom Bahnhof zum Hostel vor drei Tagen gelaufen bin, habe ich ungefähr eine Vorstellung, in welche Richtung wir fahren müssen und dass die Fahrt nicht länger als zehn Minuten dauern dürfte. Wo fährt der bloß mit uns hin? Wir wundern uns direkt zu Beginn der Fahrt, dass der Fahrer die Hilfe eines Navigationsgerätes braucht, um den Hauptbahnhof zu finden. Mit der rechten Hand hält er sein navigierendes Handy und mit der linken Hand das Lenkrad seines gelben Dacias. Wir haben alle drei keine Zeit für eine Stadtrundfahrt, die Transsib wird nicht auf uns warten! In der Zwischenzeit kontrolliere ich unsere Routen auf meinem Handy und stelle fest, dass er in eine völlig falsche Richtung steuert. Will der uns zum Güterbahnhof bringen? Die Frage, ob er sonst kein Taxi in Irkutsk fährt, kann ich auf Russisch formulieren. Seine Antwort verstehe ich aber nicht so ganz. Ich vermute, er hat heute seinen ersten Arbeitstag in Irkutsk. Um es ihm etwas einfacher zu machen, übernehme ich die Navigation mit meinem Handy und sage die Richtungsänderungen an. Erstes Manöver, wenden! So kommen wir, wenn auch etwas später als geplant, noch rechtzeitig am richtigen Bahnhof an. Ganz schön was los hier um kurz vor halb acht.

Auf dem Weg nach Wladiwostok werde ich die nächsten 70 Stunden in diesem Zug verbringen, da nehme ich das Transportmittel, welches gerade am Bahnsteig einfährt, lieber noch einmal in Augenschein. Sieht ganz vernünftig aus die Lok, mit LED-Scheinwerfern recht modern. Nach dem üblichen Prozedere beim Einsteigen der Passagiere verlässt der Zug um 7:58 Uhr den Bahnhof in Irkutsk für seine 4.103 Kilometer lange Reise. Und Achtung! Wir sprechen dann nicht mehr von Sibirien. Wir werden Sibirien hinter uns lassen, denn selbst Sibirien hat ein Ende. In der Region in die wir jetzt reisen ist der Name Programm: „Ferner Osten“. Diesmal habe ich wieder eine Pritsche im Gang gebucht, Liegeplatz unten. Ein Fensterplatz ist somit garantiert, selbst wenn mein Gegenüber die ganze Fahrt vorhat zu schlafen, ich kann meine untere Liege einklappen und aus dem Fenster schauen. Da ich diesmal im letzten Waggon meinen Platz habe, gibt es in Kurven einen prima Blick auf den ganzen Zug und die kaum noch zu erkennende Lokomotive an der Spitze.

Regionen

Russland ist territorial in acht Hauptregionen, die sogenannten Föderationskreise, aufgeteilt. Sibirien ist hierbei weder der flächenmäßig größte Teil noch der am wenigsten besiedelte Teil. Auch nicht der kälteste Teil oder der am weitesten entfernte Teil. Dies alles trifft auf die Region „Ferner Osten“ zu, die sich östlich an Sibirien anschließt und ca. 40 % der russischen Landfläche einnimmt.

Wenn nur das Fenster anständig sauber geputzt wäre, dann könnte das Handy beim Fotografieren besser die Landschaft fokussieren, anstatt den Siff auf der Scheibe. In einigen Transsib-Reiseführern wird empfohlen, dass man sich Putzlappen für die Fensterscheibe zu den Reiseutensilien packen soll. Durchaus eine praktische Idee, aber wenn ich anfange, in der 3. Klasse die Fensterscheiben zu reinigen, werden die russischen Mitreisenden mich sicher endgültig für eine außerirdische Lebensform halten. An dieser Art von Prominenz habe ich kein Interesse. Von Irkutsk geht es erst diagonal durch die Steppe bis zum Südwest-Zipfel des Baikalsees beim 20.000 Einwohner Städtchen Sludjanka. Die Berge südlich des Ortes sind bei Geologen sehr beliebt. Die bekannteste Sehenswürdigkeit ist aber wohl der Bahnhof. Nicht viele Städte der Welt leisten sich den Luxus einer marmorverkleideten Bahnhofsfassade. Sludjanka tut es. Da sich der Marmor-Steinbruch nur ein paar Kilometer entfernt befand, wäre seinerzeit jeder andere Baustoff teurer gewesen. Man hat sich einfach komplett die Kosten für den Transport gespart. Die nächsten 200 Kilometer folgt die Eisenbahnstrecke dem Südufer des Baikals, immer wieder gibt es Gelegenheit, noch einmal einen Blick auf diesen herrlichen See zu werfen.

Um die Mittagszeit herum verlassen wir den Uferbereich des Baikalsees in östlicher Richtung. Ein kurzer Moment des Innehaltens: Sibirien liegt nun hinter uns! Und ja, nach Sibirien geht die Welt tatsächlich noch weiter. Wir befinden uns nun im Föderationskreis „Ferner Osten“, auf Russisch „Dalni wostok“. Diese Region reicht bis zum Pazifik und umschließt 40 % der Fläche Russlands. Bei nur acht Millionen Einwohnern wird es hier zwischen den wenigen größeren Städten sehr schnell recht einsam. Im Vergleich erscheint Sibirien mit seinen rund 17 Millionen Einwohnern nahezu überbevölkert.

Unser Zug durchquert aktuell die Republik Burjatien. Viel Grün, ab und an kleine Siedlungen entlang der Bahnstrecke. Landschaftlich sehe ich keine großen Unterschiede zu Sibirien oder zur Uralregion. Was keinesfalls langweilig ist, im Gegenteil, ich schaue nach nun 5.000 Kilometern genauso fasziniert aus dem Zugfenster wie nach fünf Kilometern. Kurz vor Erreichen von Ulan-Ude, der Hauptstadt Burjatiens, überqueren wir auf einer großen Stahlbrücke den Fluss Selenga. Er entspringt in der Mongolei und ist der längste und wasserreichste Zufluss des Baikalsees. In Ulan-Ude ist der erste große Zwischenhalt erreicht. Gut 400.000 Einwohner leben in dieser 350 Jahre alten Stadt. Sie ist das politische und wirtschaftliche Zentrum der Region. Gern hätte ich mir hier die mit gewaltigen 42 Tonnen Gewicht größte Porträtbüste der Welt angeschaut. Wer ahnt, wessen Antlitz auf solch monumentale Weise dargestellt wird? Richtig: das Konterfei von Wladimir Iljitsch Lenin!

Hier, wie in ganz Burjatien, sehen viele Menschen recht asiatisch aus. Das verwundert nicht, denn die Burjaten sind ein mit den Mongolen verwandtes Volk. Eine junge Studentin dieser Volksgruppe sitzt mir in der Transsib gegenüber. Shenja ist 22, studiert in Irkutsk Bauingenieurwesen und fährt einmal im Jahr für zehn Tage zu ihren Eltern nach Tschita. Zu Beginn der Fahrt schauen wir beide noch stumm aus dem Fenster, als sie aber am zu festen Schraubverschluss ihrer Wasserflasche verzweifelt und ich sie mit meiner Hilfe vor dem Verdursten retten kann, wird das Eis gebrochen und wir kommen ins Plaudern.

Bahnhof Irkutsk, morgens halb acht

Vereinzelte Dörfer am Streckenrand

Bahnhof Ulan-Ude

Sie isst wie eine Weltmeisterin ungeschälte Sonnenblumenkerne. Nach kurzer Zeit bietet sie mir auch welche an. Während sie in einer Stunde eine ganze Tüte wegfuttert, schaffe ich in der gleichen Zeit zehn Kerne. Versucht mal, die Dinger im Mund zu schälen. Bei der von mir angebotenen Ritter-Sport-Schokolade ist sie deutlich zurückhaltender, das ist wohl nicht so ihr Ding.

Shenja legt sich am frühen Abend auf ihre Pritsche, sie ist etwas müde und steigt heute Nacht um 1 Uhr am Bahnhof in Tschita aus dem Zug. Ich verfalle einstweilen wieder in einen angenehmen meditativen Gemütszustand beim Blick aus dem Fenster. Aktuell gehen die Bäume aus. Die Landschaft entwickelt sich zur Steppe. Die Dörfer sind dafür eine verlässliche Konstante seit der Abfahrt in Moskau. Gern mit farblichen Akzenten in Blau- oder Grüntönen. Die Hütten vorwiegend aus Holz, hinter einem das Grundstück abgrenzenden Bretterverschlag, unter konsequentem Verzicht asphaltierter Straßen und Fußwege in der Dorfgemeinschaft.

Der letzte Stopp gegen 21 Uhr Ortszeit in Chilok scheint mir des Rätsels Lösung der immer pünktlichen Züge der russischen Eisenbahn zu sein. Einfach mal einen Halt einlegen, um eventuelle Unregelmäßigkeiten im Fahrplan zu glätten. Einen anderen Grund in Chilok zu halten, kann es nicht geben. In der 1895 gegründeten Siedlung leben ca. 11.000 Einwohner. Keine zusteigenden Passagiere, 1,50 Meter breite Notbahnsteige, keine Gleisübergänge. Dafür aber massenhaft Güterwaggons auf den benachbarten Gleisen. Das wäre doch eine Idee für die Deutsche Bahn! Alle ICE-Verbindungen planmäßig 30 Minuten in einem Ausbesserungswerk auf der Strecke halten lassen. Ist der Zug zu spät, geht es nach 20 Minuten weiter, ist der Zug zu früh, eben erst nach 35 Minuten. *Et voila,* ein Großteil aller Abweichungen vom Fahrplan wären eingepreist und nach dem Halt im Ausbesserungswerk nicht mehr existent. Keiner kann sich mehr beklagen.

Nach diesem Halt mache ich mich, wie die anderen Fahrgäste im Waggon 19 auch, bettfertig. Im halben Quadratmeter großen Sanitärbereich eben noch die Zähne putzen, mit 50 ml Wasser ausspülen, in die Schlafklamotten schlüpfen und ab auf die gemütliche Pritsche.

Erkenntnis des Tages

Nicht jeder Taxifahrer kennt den Weg zum Hauptbahnhof.

TAG **18** ДЕНЬ

Moskau Москвá

Jekaterinburg Екатеринбýрг

Nowosibirsk Новосибирск

Irkutsk Иркýтск

Wladiwostok Владивостóк

Neue Freunde

Der heutige Tag im Zug war ausgesprochen kurzweilig, ich sollte einige Russen kennenlernen, die für ein paar Stunden zu meinen besten Freunden wurden! Wahrscheinlich werde ich später sagen, dass dieser Tag, neben dem Autokauf in Moskau, der ausgelassenste Tag der gesamten Reise war. Was hatten wir für einen Spaß!

Der Tag beginnt recht früh. Um kurz vor 1 Uhr nachts unterbreche ich meine Nachtruhe für eine Stunde. Am Bahnhof von Tschita wird Shenja von einer Freundin abgeholt, ich wuchte ihren überdimensionalen Rollkoffer aus dem Zug und wir verabschieden uns mit einer herzlichen Umarmung. Meine Gedanken lasse ich zu diesen nächtlichen Zeiten auf Bahnhöfen offensichtlich immer auf der Pritsche im Waggon. Genauso wie in Tjumen, als Oleg nachts um 2 Uhr am Bahnsteig stand, vergesse ich auch jetzt ein Erinnerungsfoto mit meiner russischen Bekanntschaft zu schießen.

Nachts auf dem Bahnhof ist schon eine besondere Stimmung. Ich erkunde das Bahnhofsgelände in dieser lauen Sommernacht. Kaum zu glauben, dass die Nachttemperaturen hier im Winter dauerhaft bei -20 °C und darunter liegen. Von den ungefähr 350.000 Einwohnern Tschitas ist um diese Uhrzeit natürlich nicht viel zu sehen. Tschita wurde vor gut 350 Jahren als Lager von Kosaken gegründet. Heute ist sie die Hauptstadt der Region.

Was wirklich lebhaft auffällt, ist ein penetrante Geruch. Man glaubt nicht, was für einen Gestank ein Zug verbreiten kann. Aus meiner Sicht sind sämtliche Toiletten eine Fehlkonstruktion, wenngleich ich auch keine bessere Lösung präsentieren kann. Die Notdurft landet erst planmäßig im Toilettenbecken und nach Betätigung des Pedals am Boden im Gleisbett. Allerdings hat der Erfinder dieses Systems nicht berücksichtigt, dass ab einer gewissen Geschwindigkeit des Zuges die Notdurft der Passagiere eben nicht im Gleisbett landet, sondern – unter Berücksichtigung des Fahrtwindes – am nächsten Fahrgestell. Dort ist es dann bei jedem Halt nicht nur zu sehen, sondern eben auch zu riechen.

Nach dem Halt in Tschita schlafe ich nochmal für sechs Stunden. Beim nächsten längeren Halt in Tschernischewsk, um 8:30 Uhr, vertrete ich mir dann die Beine. Ein klassischer Haltepunkt, um den Fahrplan zu glätten. Vor dem kleinen, eleganten Bahnhofsgebäude gib es einen ausgewaschenen Schotterweg und gegenüber ein paar weniger elegante Holzhütten. Vor diesen sitzen einige männliche Bewohner, die sich beim Frühschoppen laut unterhalten. Vermutlich spaziere ich hier am Hinterausgang des Geländes herum oder soll dies wirklich der Bahnhofsvorplatz sein? Schließlich ist Tschernischewsk Verwaltungszentrums der hiesigen Region und hat gut 13.000 Einwohner. Da muss es doch eine asphaltierte Zufahrt und ein Lenindenkmal geben. Wahrscheinlich gibt es das auf der anderen Seite der Gleise. Neue Fahrgäste steigen in Tschernischewsk jedenfalls nicht zu. Meine Müdigkeit vertreibt der Spaziergang in der frischen Morgenluft allerdings schnell, es ist herrlich, hier ein paar Schritte zu laufen.

Die Landschaft außerhalb des Zuges ist bereits seit Stunden recht homogen. Ich kann also beim Blick aus dem Fenster in den nächsten Stunden nicht viel verpassen und entscheide mich daher für einen Spaziergang durch den Zug, zum Restaurantwagen. Auf dem Weg dorthin durchquere ich die 2. Klasse, Einzelkabinen für vier Passagiere, und die 1. Klasse, Einzelkabinen für zwei Passagiere. Rechts vom schnurgeraden Gang sind die Fenster mit hübschen Gardinen verziert, links befinden sich die Türen zu den Kabinen. Ab und an steht einen Kabinentür offen, sodass ich einen Blick hineinwerfen kann. Das sieht schon etwas zivilisierter aus. Aber auf gar keinen Fall möchte ich mit meiner 3. Klasse tauschen. Die 3. Klasse ist lebhaft und herzlich. Die Menschen, die ich dort treffe, sind so verschieden und interessant, eine Familie auf Zeit! Die Fahrt mit der Transsib hinter einer abschließbaren zweier oder vierer Kabine hätte mir mit Sicherheit nur einen Bruchteil der Erlebnisse beschert, die ich in meinem 54er-Waggon habe. Und genau deswegen mache ich doch diese Reise: der Erlebnisse wegen.

Im Restaurantwagen angekommen, sitzen dort als einzige Gäste an einem Tisch Roman und Dima. Sie reisen auch im Waggon 19 und haben mir dort bereits vorgeschlagen, gemeinsam ins Restaurant zu gehen. Sie laden mich sofort ein, mich an ihren Tisch zu setzen und bei einem Bierchen kommen wir schnell ins Gespräch. Später gesellt sich noch Kolja hinzu. Wir sitzen zu viert als einzige Gäste im Restaurantwagen. Üblicherweise sind die Fahrgäste der Transsib wohl Selbstversorger, was die geringe Frequentierung des Restaurants erklären könnte. Darüber hinaus ist das Ambiente eher nüchtern und die Preise für Speisen und Getränke recht hoch. Unsere Stimmung trübt dies heute aber überhaupt nicht. Im Gegenteil, acht Stunden, zwei Flaschen der russischen Weinbrandvariante „Konjak", eine Flasche Wodka und einige Biere später schwören wir uns ewige Freundschaft. Ich neige gewiss nicht zum Alkoholismus, aber könnt ihr euch das Glücksgefühl vorstellen, wenn man sich mit drei Russen innerhalb kürzester Zeit verbrüdert? Für diese Erfahrung nehme ich einen Kater am nächsten Tag in Kauf. Ich sitze oder liege ja sowieso den ganzen Tag im Zug, da werden ein paar Kopfschmerzen nicht weiter stören. Die Sprache ist inzwischen überhaupt keine Barriere mehr. Kolja beschallt das Restaurant über seine Bluetooth-Box mit russischer Popmusik, regelmäßig werden Speisen serviert und die Zeit vergeht wie im Flug. Roman

Gastfreundschaft

Im Allgemeinen sagt man den russischen Menschen eine große Gastfreundschaft und besondere Herzlichkeit nach. Das kann ich uneingeschränkt bestätigen, ganz gleich, ob ich Bekanntschaften im Hostel, in der Transsib oder einfach unterwegs gemacht habe. Alle waren sehr aufgeschlossen, wissbegierig und hilfsbereit. Besonders aufgefallen ist mir, wie gern die Russen mich an ihrem Leben teilhaben ließen. Eine besondere Sehenswürdigkeit, ein gemeinsamer Spaziergang durch die Stadt, wie funktioniert dies oder das, das Probieren von verschiedensten Lebensmitteln und Getränken. Hier haben mir meine Grundkenntnisse in der russischen Sprache geholfen, ohne die ich sicherlich einige Bekanntschaften nicht geschlossen hätte.

und Dima sind auf dem Weg nach Swobodni. Von dort noch einmal drei Stunden Fahrt in südliche Richtung arbeiten sie als Ingenieure am Bau einer Brücke über den Amur, in unmittelbarer Nähe zur chinesischen Grenze. Der Einfluss der Chinesen erstreckt sich hier im Grenzgebiet weit in das russische Territorium hinein, worüber zumindest meine drei Freunde nicht sehr glücklich sind.

Abendessen mit Roman und Dima

Mit Kolja an der frischen Luft bei einem Zwischenhalt

Sie zeigen mit einer ausladenden Handbewegung aus dem Fenster und meinen sinngemäß „… alles gehört den Chinesen …“, dabei sind wir gut 50 Kilometer von der Grenze entfernt.

An den Haltepunkten des Zuges gehen wir gut gelaunt und leicht betüddelt spazieren. Kolja blickt zwar immer etwas finster drein, ist aber ein ganz lieber Kerl. Wie er die beiden Finger seiner linken Hand verloren hat, frage ich ihn jedoch lieber nicht. An einer Station laufen Ziegen frei auf dem Bahnhofsgelände und den Bahnsteigen umher und wir versuchen sie zu fangen, natürlich vergebens, aber es ist ein riesen Gaudi. Bei einem anderen Halt fragt Dima an einem Kiosk auf dem Bahnsteig nach Wodka. Dies wird verneint, Dima ist in dieser Beziehung jedoch hartnäckig. Etwas später wird ihm aus der Hintertür des Kiosks eine schwarze Tüte gereicht. Inhalt: eine Flasche Wodka.

Zwischendurch kommt die Schaffnerin aus unserem Waggon durch den ganzen Zug gelaufen, auf der Suche nach uns. Ich finde es irgendwie seltsam, dass sie nach uns schaut und verstehe auch nicht so ganz, was sie möchte. Sie ist wohl für die Fahrgäste aus ihrem Waggon verantwortlich, auch wenn die sich den ganzen Tag gar nicht im Waggon aufhalten, sondern bei bester Laune im Restaurant sitzen. Unsere gute Laune ist für den Mitarbeiter im Restaurantwagen sicher eine Herausforderung. Die Lautstärke, insbesondere der russischen Popmusik, ist schon ordentlich. Dass die drei Jungs im Zwischenabteil rauchen, findet er wahrscheinlich auch nicht optimal. Als ich am Abend mit Dima und Roman, Kolja hat sich zwischenzeitlich verabschiedet, zu unserem Waggon 19 zurückkehre, ist die Stimmung im Abteil zu meinem Unverständnis sehr angespannt. Die Schaffnerin sagt, dass wir uns jetzt besser schlafen legen sollten. Betrunkene Fahrgäste sieht man in der Transsib nicht gern, das kann ich natürlich verstehen. Dima hat es vielleicht ein wenig übertrieben, hätte besser so wie ich zwischendurch immer mal ein Schluck Wasser trinken sollen. In unserem Waggon angekommen, trinkt er jedenfalls die beiden übriggebliebene 1½-Liter-Flaschen Bier auch noch, natürlich getarnt aus meinem Teeglas. Aus meiner Sicht überhaupt nicht dramatisch, weil er weder laut noch ausfällig wird. Eine ältere Dame allerdings ist ob des biertrinkenden Dimas so verängstigt, dass auf einmal der mitreisende Sicherheitsdienst im Waggon steht und die zeternde Alte beruhigen muss. Ich verstehe mal wieder nichts, aber zumindest Roman ist durch die Ansprache des Sicherheitsmannes derart beeindruckt, dass er sich unmittelbar darauf schlafen legt.

Erkenntnis des Tages

Ein Schlückchen Wodka lockert die Zungen und öffnet die Herzen.

TAG **19** ДЕНЬ

Moskau Москва́ — **Jekaterinburg** Екатеринбу́рг — **Nowosibirsk** Новосибирск — **Irkutsk** Ирку́тск — **Wladiwostok** Владивосто́к

Ein letztes Mal

In dieser Nacht überschlagen sich die Ereignisse. Mein Wecker sollte mich morgens um 6:00 Uhr wecken. Um diese Zeit wird der Zug im Bahnhof von Swobodni halten, wo ich Dima und Roman verabschieden möchte. Tatsächlich wache ich aber bereits gegen 1:30 Uhr auf. Das Licht im Abteil ist seltsamer Weise eingeschaltet, alle Fahrgäste liegen verschlafen in ihren Betten, nur Roman steht im Gang neben meiner Pritsche, zieht sich seine Hose an und schimpft vor sich hin. Noch bevor ich mich im Halbschlaf fragen kann, was er da treibt, sehe ich auch schon die zwei Polizisten in voller Kampfmontur! Dima und Roman werden hier beim Halt in Magdagachi von der Polizei gerade unsanft aus dem Schlaf geholt und aus dem Zug geschmissen. Roman hat unter lautem Protest seine Klamotten schon zusammengepackt. Dima liegt noch in seiner Koje und ist von den Beamten kaum wachzubekommen. Er sieht überhaupt nicht ein, jetzt aufstehen zu müssen. Da müssen die Polizisten schon energisch an ihm rütteln. Bis vor fünf Minuten haben alle im Waggon geschlafen und es herrschte eine friedliche Ruhe. Der lange Arm des russischen Gesetzes vergisst jedoch nicht die Unregelmäßigkeiten, die einige Stunden zuvor vorgefallen sind. Zum Alkoholkonsum, ich hatte ja auch getrunken, kam bei den beiden noch verschärfend hinzu, dass sie im Zug geraucht haben. Bei ein oder zwei Bier drückt die russische Bahn noch ein Auge zu, aber bleibt ruhig und fangt ja nicht an zu rauchen. Ihr fliegt beim nächsten Halt aus dem Zug, auch um halb zwei mitten in der Nacht! Keine Gnade!

Ich fühle mich am Schicksal der beiden mitschuldig, und ich bekomme es mit der Angst zu tun, den Zug ebenfalls in Magdagachi verlassen zu müssen. Ich sitze kleinlaut in meiner Koje und bin ein wenig verschreckt. Die zeternde Alte von gestern Abend murmelt auf Russisch vor sich hin, dass der Ausländer eigentlich auch raus müsste, damit bin wohl ich gemeint. Ich bleibe aber unbehelligt.

Ich befürchte, dass die zwei die Nacht – oder auch länger – in einer Polizeistation verbringen müssten. Der russische Rechtsstaat wird die beiden hart, aber gerecht bestrafen. Sascha, ein Mitreisender, meint heute Morgen allerdings, dass sie nach Bezahlung einer Strafe wahrscheinlich bereits mit dem nächsten Zug weiterfahren können. Ich drücke ihnen die Daumen.

Ansonsten verläuft die heutige Fahrt durch den russischen „Fernen Osten" eher unauffällig. Die Landschaft gleicht den vergangenen Tagen. Den Halt in Swobodni verschlafe ich. Beim ersten längeren Halt gegen 7 Uhr in Belogorsk vertrete ich mir aber die Füße und beobachte auf dem kleinen Bahnhofsvorplatz die Menschen, wie sie auf dem Weg zur Arbeit in die verschiedenen hier haltenden Busse einsteigen. Die Morgensonne schickt ihre ersten Strahlen und nach der Aufregung der Nacht wirkt alles so friedlich und harmonisch. Für zehn Minuten erliege ich wieder dieser Faszination, dass sich hier am gefühlten Ende der Welt für einige Minuten mein Lebensweg mit dem Arbeitsweg einiger Einheimischer kreuzt. Kaum noch zu erwähnen, dass natürlich auch in Belogorsk die Reisenden von einem Lenin in visionärer Haltung empfangen werden. Besonderheit bei diesem Exemplar ist sicher die vergoldete Oberfläche.

Gegen Mittag hat sich der Zug um einige Bergketten geschlängelt und hält im Bahnhof von Oblutschje. Mit 10.000 Einwohnern ist Oblutschje die zweitgrößte Stadt im Jüdischen Autonomen Gebiet. Ab Ende der 1920er-Jahre wollte die sowjetische Regierung hier an der Grenze zu China ein jüdisches Siedlungsgebiet schaffen. Nach anfänglicher Euphorie unter der jüdischen Gemeinde weltweit haben die harten Lebensbedingungen und die starke Auswanderung in Richtung Israel und Deutschland nach dem Zerfall der Sowjetunion den Anteil der jüdischen Bevölkerung in den vergangenen Jahrzehnten aber auf unter ein Prozent sinken lassen.

Den Aufenthalt in Oblutschje nutzen wie gewohnt die meisten Fahrgäste für eine Raucherpause oder, wie ich, für einen kleinen Spaziergang. Kurz vor dem Halt komme ich mit Vlad ins Gespräch. Er fährt bereits seit Irkutsk im Waggon 19 mit und sitzt drei Plätze von mir entfernt. Hier am Bahnhof will er mir etwas zeigen. Die barocke Freitreppe des Bahnhofsgebäudes finde ich schon sehr bemerkenswert, da hat sich der seinerzeit beauftragte Architekt redlich bemüht. Ein solch prächtiges Bauwerk habe ich an keinem Bahnhof bisher gesehen. Ebenso habe ich in ganz Russland allerdings auch keinen Aufzug an irgendeiner Treppe gesehen: Statt in behindertengerechte Zugänge wird hier eben in Lenindenkmäler investiert. Eine Frage der Prioritäten. Das war es auch, was Vlad mir zeigen wollte: ein Lenindenkmal. Ich muss schmunzeln. Wenn Vlad wüsste, wie viele Lenins ich seit meiner Ankunft in Moskau gesehen habe. Der sozialistische Führer zeigt hier in Oblutschje die gleiche Pose wir sein Ebenbild in Belogorsk, nur für die Vergoldung hat es nicht mehr gereicht. Egal, Vlad und ich sind zufrieden mit unserem kleinen Ausflug.

Vor den Fenstern unseres Zuges gibt es, zumindest rein äußerlich, keine Veränderungen im Landschaftsbild. Grassteppe bis zum Horizont, die sanften Hügelketten rund um Oblutschje haben wir bereits hinter uns gelassen. Das Interessante spielt sich 2–3 Meter unterhalb der Grasnarbe ab. Denn tatsächlich befinden wir uns schon seit etlichen hunderten Kilometern auf Permafrostboden, der ab einigen wenigen Metern Tiefe dauerhaft gefroren ist. Im Sommer wie im Winter. In Russland ist dies kein großes Ereignis. Wenn auch vom Klimawandel zunehmend bedroht, liegen bis zu 50 % seiner Landesfläche in der Permafrostzone. Das ist natürlich für den Bau einer Eisenbahnstrecke schon eine gewisse Herausforderung. Der Streckenabschnitt entlang des Amur war somit auch der Teil der Transsibirischen Eisenbahn der als letztes fertiggestellt wurde.

Apropos Amur. Kurz vor dem letzten großen Halt des Tages in Chabarowsk überquert der Zug diesen mächtigen Strom, der in weiten Teilen seines Verlaufs die Grenze zwischen Russland und China markiert. Kurz vorher meinte

Vlad wieder zu mir, dass er mir etwas zeigen wolle. Wir gehen also ans Ende unseres Waggons. Hier zahlt es sich aus, dass Waggon 19 der letzte des Zuges ist. Durch das Fenster der Waggontür haben wir einen exklusiven Blick auf die Amurbrücke. Was für ein Ausblick. Warum bin ich auf den letzten 4.000 Kilometern nicht selbst auf die Idee gekommen, hier hinten einmal rauszuschauen? Ich bin einmal mehr beeindruckt und Vlad freut sich über mein staunendes Gesicht. Der erste Waggon mag mit der Signalpfeife der Lokomotive punkten, der letzte Waggon dafür mit einer großartigen Aussicht.

Die auch „Brücke von Chabarowsk" genannte Amurquerung wurde 1916 fertiggestellt und war bis 1975 die einzige Brücke über den 2.800 Kilometer langen Strom. Seit dem Umbau 1999 ist die längste Flussbrücke Russlands doppelstöckig. In der 2. Etage oberhalb der Bahnstrecke verläuft die Fernverkehrsstraße M58.

Gegen 19 Uhr erreichen wir den Bahnhof von Chabarowsk. Vlad steigt hier aus dem Zug aus, wir haben seine

- Längste Flussbrücke Russlands
- Doppelstöckig: Über den Bahngleisen verläuft eine Fernverkehrsstraße

Zielgruppe
Jedermann

Bewertung
★★☆

Heimatstadt erreicht. Da wir eine halbe Stunde Aufenthalt haben, begleite ich ihn bis zum Bahnhofsvorplatz, wo wir uns herzlich verabschieden.

Es ist einfach toll, wie viele Russen ich auf meiner Reise bereits kennengelernt habe! Aber diese ständigen Abschiede schlagen mir schon ein wenig aufs Gemüt, denn ich habe sie alle in mein Herz geschlossen.

Das Bahnhofsgebäude von Chabarowsk macht einen gepflegten und repräsentativen Eindruck. Auch der Bereich zur Stadt hin lässt erkennen, dass Russland den „Fernen Osten“ zu einer Schwerpunktregion erklärt hat und seit einigen Jahren in die 600.000 Einwohnerstadt erhebliche Mittel investiert. Wie in weiten Teilen der Region engagieren sich aber auch in Chabarowsk zusätzlich japanische und koreanische Investoren. Der Blick vom etwas erhöht liegendem Bahnhof über den Vorplatz mit seinen Springbrunnen und im weiteren Verlauf den Amurski Boulevard gefällt mir sehr gut. Ein modernes Erscheinungsbild. Die drei Kilometer lange und begrünte Prachtstraße führt direkt hi-

Chabarowsk – Hauptbahnhof

- Historisches und saniertes Bahnhofsgebäude
- Vom erhöhten Bahnhofsvorplatz toller Blick über die Stadt

Zielgruppe
Jedermann

Bewertung
★★☆

Barocke Freitreppe im Bahnhof von Oblutschje

Bahnhofsvorplatz in Chabarowsk mit Blick zum Amurski Boulevard

Ein letztes Abendessen in der Transsib, mit Sascha

nunter zum Ufer des Amur. Von Lenin wird der Reisende in Chabarowsk nicht begrüßt, sondern von Jerofei Chabarow. Er steht erhaben auf einem Betonsockel, war ein russischer Befehlshaber und Kolonist in Fernost und ist Namensgeber von Chabarowsk. Aber natürlich gibt es in einiger Entfernung auf dem zentralen Leninplatz auch ein Monument vom sozialistischen Führer.

Gegen 19:30 Uhr startet der Zugführer sein Arbeitsgerät zur letzten Etappe nach Wladiwostok. Und schon wieder fühlt es sich wie ein Abschied an. Noch eine letzte Nacht in der Transsibirischen Eisenbahn und noch ein letztes Abendessen, zu dem mich Sascha eingeladen hat. Sascha fährt auch schon seit Irkutsk mit, direkt in der Vierer-Koje neben mir. Wir haben immer wieder mal ein paar Worte gewechselt. Wahrscheinlich hat mein karges Fertiggericht sein Mitleid geweckt. Dabei habe ich mir diese Art des Abendessens doch auf den ersten Fahrten mit der Transsib bei den russischen Fahrgästen abgeschaut. Die Tütensuppe am *Samowar* mit heißem Wasser auffüllen, ein paar Minuten durchziehen lassen und *bon appétit.* Wirklich bewundert habe ich natürlich die Fahrgäste, die aus ihren Einkaufstüten und Döschen „richtiges“ Essen mitgebracht haben. Sascha ist so einer mit richtigem Essen. Er setzt sich zu mir an den Tisch und tafelt erstmal zünftig auf. Speck, Wurst, Käse, Brot – mir läuft das Wasser im Mund zusammen. Ein wirklich gepflegtes und rustikales Abendessen, das er fachgerecht mit der 20 cm langen Klinge seines Hirschfängers zubereitet. Lecker!

In der Ecke, in der bis Chabarowsk Vlad saß, richten sich nun zwei junge koreanische Touristinnen ein. Mit ihren bunten Sommerkleidchen und den stylischen, überdimensionalen Rollkoffern wirken sie hier in der 3. Klasse etwas verloren. Für sie ist es wohl ein noch größeres Abenteuer als für mich. Mit großen Augen sitzen sie dauergrinsend auf ihren Plätzen und schauen alles und jeden an. An die Kinder im Waggon verteilen sie bunte Bilder und Stifte, obwohl die Kinder eher verschreckt wirken. Als ich an den beiden vorbeigehe, wollen sie mir auch eines dieser bunten Bildchen in die Hand drücke. Ich lehne freundlich ab in der Hoffnung, dabei nicht in irgendein südkoreanisches Fettnäpfchen zu treten.

Irgendwann kehrt Ruhe ein und alle Passagiere des Waggons schlummern friedlich dem Endziel am nächsten Morgen entgegen: Wladiwostok!

Erkenntnis des Tages

Zu viel Wodka beendet die Reise.

TAG 20 ДЕНЬ

Moskau
Москвá

Jekaterinburg
Екатеринбýрг

Nowosibirsk
Новосибирск

Irkutsk
Иркýтск

Wladiwostok
Владивостóк

Stadt am Pazifik

Gegen 6 Uhr kämpfen sich so langsam die ersten Lichtstrahlen des neuen Tages durch das Dunkel der Nacht. Sascha machte mich darauf aufmerksam, dass der Zug die letzte Stunde seiner Reise direkt an einer der unzähligen Pazifikbuchten entlangfährt und so werde ich Zeuge dieses wunderschönen Schauspiels. Da draußen liegt es, das andere Ende Russlands. Der Ozean noch im Halbdunkel der dahinscheidenden Nacht, die Sonne bricht an der ein oder anderen Stelle durch den bewölkten Himmel, der Zug fährt bereits mit verminderter Geschwindigkeit. Für einen Moment lasse ich meine Gedanken in den unendlichen Weiten des Augenblicks verharren, bis mich das Treiben innerhalb des Waggons in die Realität zurückholt. Alle Reisenden sind bereits seit einiger Zeit vor ihren Kojen und im schmalen Gang des Waggons emsig beschäftigt. Die Jogginghosen und T-Shirts der letzten Tage werden gegen Jeans, Hemd und Blusen getauscht. Badeschlappen gegen Lederschuhe und Pumps. Die Damen legen etwas Make-up auf, die Herren kämmen sich die Haare. Deo und Parfums werden aufgetragen. Koffer und Taschen werden gepackt, Betten abgezogen. Nun ist es vollbracht! Heute Morgen um 6:57 Uhr, wie gewohnt pünktlich, ist meine Reise mit der Transsibirischen Eisenbahn an ihrem Ziel angelangt! Wladiwostok!

Über 9.000 Kilometer von Moskau und gut 11.000 Kilometer von Deutschland entfernt erfreue ich mich nicht nur bester Gesundheit, sondern auch ausgezeichneter Stimmung.

Sascha ist ein cooler Typ! Nicht nur, dass er ein prima Foto von mir und dem Obelisken am Endpunkt der Transsib geschossen hat, er organisiert uns auch noch ein Taxi, welches ihn nach Hause bringt und mich vorher an meinem Hostel absetzt. Darüber hinaus verabreden wir uns für den Abend. Sightseeing mit Sascha in seiner Heimatstadt. Ich freue mich, denn es gibt nichts Besseres, als wenn ein Einheimischer euch seine Stadt zeigt! Vor dem Bahnhofsgebäude aus dem Jahr 1912 tobt ganz schön der Berufsverkehr. Auf der anderen Seite des Bahnhofes, hinter den Gleisanlagen, beginnen direkt die Hafenanlagen in der „Goldenes Horn" genannten Bucht.

Das nur wenige Minuten vom Bahnhof entfernte Hostel ist bei meiner Ankunft um 7:30 Uhr noch mehr oder weniger im Schlafmodus. In der Lobby sitzen zwei verschlafene koreanische Touristen, die junge Russin an der Rezeption spricht mit gedämpfter Stimme. So lungere ich eine Zeit lang ebenfalls in der Lobby rum und lade den Akku

Stele Transsib

- Endpunkt der Transsibirischen Eisenbahn nach 9.288 Kilometer
- Steinerne Stele mit russischem Doppeladler am Fernbahnsteig

Zielgruppe
Jedermann

Bewertung
★★☆

meines Handys. Einchecken ist erst ab 13 Uhr möglich, duschen kann ich aber schon. Nach drei Tagen im Zug eine äußerst erfrischende und zugleich notwendige Wohltat. Anschließend, so gegen halb elf, starte ich einen ersten Erkundungsgang durch die Stadt. Als wichtigster Stützpunkt der russischen Pazifikflotte war Wladiwostok zu sowjetischen Zeiten nicht nur für Ausländer, sondern auch für Bürger der Sowjetunion geschlossen. Ohne Sondergenehmigung lief hier gar nichts! Das ist heute jedoch kein Thema mehr. Besonders Chinesen, Koreaner und Japaner haben Wladiwostok für sich entdeckt. 90 Minuten per Flugzeug und schon sind sie alle hier, wir sind hier wirklich ganz weit im Osten. In meinem Hostel habe ich bisher nur Asiaten gesehen und in dem Restaurant, in das ich nach der Dusche zum *Blini,* diesen typischen russischen Eierpfannkuchen, essen gehe, sitzen ebenfalls nur Asiaten. Das Lokal wird wohl in einem asiatischen Reiseführer angepriesen, wie mir meine japanische Tischnachbarin erzählt.

Nach dieser schmackhaften Stärkung will ich nun endlich den Pazifik sehen. Dieses Meer am anderen Ende der Welt. Vom Blini-Restaurant ist es nur fünf Minuten zu Fuß entfernt. Ein Stück die verkehrsberuhigte Straße hinunter, am großen Springbrunnen zu Beginn der Uferpromenade vorbei und schon sehe ich ihn. Eine stürmische Begrüßung, denn die See ist ganz schön rau heute. Wladiwostok liegt sehr prominent, viele Wohnhochhäuser haben direkten Blick auf die Amurskij-Bucht und die sich davor befindliche Promenade. Das hat schon echt Flair. Wind und

Wolken sind zwar im Moment noch recht dominant und die Promenadengäste entsprechend nicht so zahlreich unterwegs, aber das Wetter spielt mit und es zeigt sich zunehmend die Sonne!

Auch die russische Luftwaffe zeigt sich. Im fünf Minutentakt kreist eine MIG über der Stadt. Das passt zum programmatischen Stadtnamen Wladiwostoks „beherrsche den Osten“. Draußen in der Bucht liegen darüber hinaus zwei Kriegsschiffe. Alles klar, die Russen haben hier alles unter Kontrolle! Lenin soll einst gesagt haben. „Wladiwostok ist weit weg, aber es gehört uns.“ Da fühlen sich die Oligarchen auf ihren Jachten in den hiesigen Marinas sicher und gut beschützt. Ich wandere entlang der Uferpromenade. Noch ist es ruhig hier. Die Bars und Restaurants öffnen erst am Abend. Ein Stück weiter laufe ich über das alte ZSKA-Armeegelände. Hier blättert an den Gebäuden ordentlich der Putz, ein paar Soldaten der russischen Streitkräfte halten sich mit Sport gerade fit. Direkt nebenan sehe ich zwei Hyatt-Hotels im Rohbau als Investi-

Graffitikunst an der Ufermauer

tionsruinen in bester Lage am Meer. Über das abgesperrte Gelände streunen Katzen, im aufgewühlten Meer toben vereinzelt ein paar unerschrockene Kinder, zwei Windsurfer peitschen bei Windstärke 6–7 durch die Fedorova-Bucht. Die Ufermauer wurde von Graffitikünstlern gestaltet. Mir gefällt dieser Ort. Die Straße, die hier am Ufer entlangführt, trägt den Namen des russischen Marineoffiziers „Leutnant Schmidt“, einer der Führer des Aufstandes in der Schwarzmeerflotte 1905 gegen Zar Nikolaus II. Leutnant Pjotr Petrowitsch Schmidt hat diesen Ungehorsam nicht überlebt und wurde kurz nach seiner Gefangennahme exekutiert.

Aus meinem kurzen Erkundungsgang werden dann doch fast fünf Stunden. Eigentlich wollte ich ja nur die Zeit bis zum Einchecken überbrücken, ich kann mich aber einfach nicht bremsen. Hinter jeder Ecke gibt es irgendetwas Neues und Interessantes zu entdecken. Vom Hölzchen aufs Stöckchen und noch diese Gasse hinunter und jene Querstraße rein, ich sauge Wladiwostok mit jeder Pore

ein. Beim Rückweg zum Hostel entdecke ich im Hafen zufällig die Produkte meines ehemaligen Arbeitgebers aus Düsseldorf: Hafenmobilkrane von Gottwald. Ich stecke die Kamera durch die Streben des Metallzauns und mache ein Foto für die alten Arbeitskollegen. Die werden Augen machen. Auf *Made in Germany* möchte man eben auch im „Fernen Osten" nicht verzichten.

Nun geht es aber wirklich zurück zum Hostel. Meine Taschen stehen noch an der Rezeption. Ich checke ein und lege mich für eine Stunde hin. Herrlich, ein Bett mit Vorhang. Im Hostel ist alles ruhig. Durch das Fliegengitter des geöffneten Fensters kommt frische Luft, aber auch der Verkehrslärm der Kreuzung nebst zentraler Bushaltestelle von gegenüber. Kein Drama: Wachsstöpsel in die Ohren und auf Wiedersehen. Zwei Stunden später, um 18 Uhr, treffe ich mich mit Sascha. Bei mittlerweile bestem Sommerwetter flanieren wir durch die Stadt. Die graue Uferpromenade von heute Vormittag ist nun voll mit Menschen. Straßenmusiker spielen um ihr Leben und für ein paar Rubel. Für mich kommt richtige Urlaubsstimmung auf, eine Stadt am Meer hat einfach unglaublich Flair. Mit Sascha steuere ich den Freizeitpark „Karusel" an. Von diesem Phänomen habe ich ja bereits mehrfach berichtet. Eine solche Einrichtung, mit meist betagten Fahrgeschäften, gibt es einfach in jeder russischen Stadt. So natürlich auch in Wladiwostok. Sascha hat mich auf eine Runde mit dem Riesenrad eingeladen. Schöne Aussicht von hier oben, mit direktem Blick ins Dynamo-Fußballstadion des örtlichen Zweitliga-Vereins FK Lutsch-Ener-

Museums-U-Boot

- U-Boot aus dem 2. Weltkrieg, seit 1975 Museum
- Liegt im Gedenkkomplex „Kampfesruhm der pazifischen Rotbannerorden-Flotte“

Zielgruppe
Jedermann

Bewertung
★★☆

Ulitza Admiral Fokina

- Restaurants und Cafes bis zur Uferpromenade
- Touristisch

Zielgruppe
Jedermann

Bewertung
★★☆

Hafen

- Große Hafenanlagen mit vielen Schiffen und Kränen

Zielgruppe
Jedermann

Bewertung
★☆☆

gija. Als sie von 2005 bis 2008 in der 1. Russischen Liga kickten, waren sie der am weitesten im Osten angesiedelte Erstligaverein der UEFA.

Von der Uferpromenade führt uns der Weg dann Richtung Innenstadt über die Swetlanskaja Straße. Als seinerzeit erste Straße in Wladiwostok ist sie heute Hauptstraße der Stadt und, wie soll es anders sein, trug zu Sowjetzeiten natürlich den Namen Lenin. Wir queren den Zentralplatz mit seinem überdimensionalen Sowjetdenkmal und ein Stück weiter das Hauptquartier der russischen Pazifikflotte. Kurz vor Feierabend erreichen wir ein Museum, welches mir Sascha unbedingt noch zeigen will: U-Boot C-56. Das U-Boot liegt im Gedenkkomplex „Kampfesruhm der pazifischen Rotbannerorden-Flotte". Nebenan befinden sich noch ein Museumsschiff und eine ewige Flamme für die Opfer der Seekriege. So pathetisch mag ich Russland! C-56 hat im Zweiten Weltkrieg einige Schiffe versenkt und ist dabei allen Wasserbomben des Gegners heldenhaft ausgewichen. Seit 1975 liegt es hier an Land und kann besich-

Zarewitsch-Promenade

- Neue Flaniermeile zwischen goldener Brücke und Schiffsdocks
- Tolle Aussicht während des Sonnenuntergangs

Zielgruppe
Jedermann

Bewertung
★★☆

tigt werden, russische Sprachkenntnisse sind dabei hilfreich.

Gegen 20 Uhr, nach Verlassen der Torpedokammer, stehen wir wieder auf der Straße. Nur ein Stück weiter auf der anderen Straßenseite stehen die mächtigen Pylonen der 2012 erbauten Solotoi-Brücke. Sie überquert die Bucht „Goldenes Horn". Nur an Fußwege hat man während der Planungsphase nicht gedacht. Daraus machten sich vor einiger Zeit vier Russen einen Spaß und liefen, bis zum Eintreffen des Sicherheitsdienstes, unerlaubt als Bus verkleidet über die Brücke. Dennoch, auch ohne Fußwege ein prächtiges Bauwerk! Die „Goldene Brücke" prägt das Stadtzentrum aus jedem Blickwinkel. Auf der neugebauten Zarewitsch-Promenade herrscht noch in der Dämmerung ein buntes Treiben, Jung und Alt flaniert an diesem herrlichen Sommerabend entlang des Ufers.

Sascha hat noch ein ganz besonderes Schmankerl zu bieten: ein Blick über das „Goldene Horn" von der Aussichtsplattform oberhalb der Standseilbahn. Diese hat um diese Uhrzeit ihren Fahrbetrieb für heute bereits eingestellt. Also kraxeln wir im Scheine unserer Handy-Taschenlampen eine 200 Meter steile Treppe parallel zur Standseilbahn hinauf. Ein ordentliches Workout zu vorgerückter Stunde. Aber es lohnt sich, Wladiwostok bei Nacht ist wundervoll. Mit etlichen anderen Schaulustigen lassen wir uns vom Ausblick auf die Bucht und die angrenzenden Hügel beeindrucken. Die beleuchtete Stadt zu Füßen und am Horizont über dem Meer das letzte fade Sonnenlicht des Tages. An dieser Stelle gibt es auch wieder eine Empfehlung meinerseits an euch. Falls ihr demnächst beim Preisausschreiben eine Reise in eine russische Stadt eurer Wahl gewinnen solltet, entscheidet euch vielleicht doch nicht voreilig für Irkutsk.

Bärenhunger! Seit zwei Stunden schon knurrt mir der Magen und auch Sascha bekommt langsam Appetit. Unseren Ausflug rundet deshalb ein gemeinsames Abendessen zurück im Vergnügungsviertel an der Pazifikpromenade an der „Naberezhnaja Uliza“ ab. Etliche Nachtschwärmer sind zwischen den aus Holz zusammengezimmerten Bars und Clubs unterwegs. Wirkt alles ein wenig provisorisch, hat aber seinen eigenen Charme. Hier spielt sich alles unter freiem Himmel ab. Wir suchen uns eine Terrasse an der frischen Luft und genießen kaukasische Spezialitäten auf Plastikgeschirr, dazu einen Tee. Ein kulinarischer Hochgenuss. Wir beobachten die gut gefüllte Tanzfläche direkt vor uns, welche nach und nach von ein paar Jugendlichen für sich und ihre Breakdance Battle eingenommen wird. Ein toller Ausklang eines ereignisreichen Tages.

Naberezhnaja Ulitza

- Aus Holz zusammengezimmerte Kneipen, Restaurants, Clubs
- Direkt am Pazifik

Zielgruppe
Nachtschwärmer

Bewertung
★★☆

Gegen 23 Uhr verabschieden wir uns. Wenn ich bedenke, dass wir heute morgen noch in der Transsib saßen, haben wir ganz schön lange durchgehalten. Aber jetzt sind wir richtig müde. Ich schaue Sascha noch hinterher, wie er zur Bushaltestelle gegenüber meines Hostels läuft. Ich hoffe, wir sehen uns eines Tages wieder.

Erkenntnis des Tages

Wladiwostok ist ein Superstar, nur weiß es noch nicht jeder.

TAG 21 ДЕНЬ

Moskau
Москвá

Jekaterinburg
Екатеринбýрг

Nowosibirsk
Новосибирск

Irkutsk
Иркýтск

Wladiwostok
Владивостóк

Insel Russki

Heute geht es raus aus der Stadt und in die Natur, davon hat Russland ja wahrlich einiges zu bieten. Ein Tagesausflug auf die Insel Russki – ein Highlight für nicht zimperliche Wander- und Mountainbikefreunde. Ich zähle mich heute zu Letzteren.

Auf dem fünfminütigen Weg zur Bushaltestelle am Okeanski Prospekt decke ich mich in einem kleinen Supermarkt erst einmal mit Reiseproviant ein: Wasser und Kuchen. Der Okeanski Prospekt ist eine zentrale Verkehrsader, die Wladiwostok in Nord-Süd-Richtung durchquert. Durch die ganz ordentliche Steigung der Straße quälen sich insbesondere die altersschwachen Busse und Lkw mit lautem Getöse und schwarzen Rußfahnen hier den Berg hinauf. Mein Ziel für den Moment ist die Bushaltestelle „TZ Izumrud“. Diese habe ich bereits gestern ausgekundschaftet: Gefühlt zehn verschiedene Linien an Bussen und *Marschrutkas* fahren hier im Minutentakt vor, wobei die Gefährte an zwei 50 Meter voneinander entfernten Haltepunkten halten. Nach einer halben Stunde hatte ich eine ungefähre Vermutung, welcher Bus zur Insel Russkij fahren wird. Diese Vermutung erwies sich etwas später allerdings als nicht zutreffend. Denn zwei Studenten, die mich etwas später wegen einer Umfrage ansprachen, erzählten mir, dass die Buslinie 15 die Richtige wäre.

Mit meinem Reiseproviant im Rucksack besteige ich also heute Morgen die Buslinie 15. Innerhalb einer Stunde fährt mich der überraschend moderne Bus durch die ganze Stadt inklusive über die beiden gigantischen Hängebrücken. Die Solotoi-Brücke konnte ich gestern schon bewundern, aber noch mal eine ganze Nummer gewaltiger ist die Russki-Brücke. Auch sie wurde erst 2012 gebaut. Auf drei Kilometern Länge ist seitdem das Festland erdbebensicher über den Ost-Bosporus mit der Insel Russki verbunden. Unglaublich: zwei milliardenschwere Brückenbauwerke der Superlative in kürzester Zeit. Und auch an dieser Stelle wollten die Erbauer nicht auf *Made in Germany* verzichten, alle beweglichen Teile der Brücke kamen vom Münchner Spezialisten für Erdbebenschutz „Maurer & Söhne".

Die Insel Russki, ähnlich groß wie Sylt, wurde zu Sowjetzeiten über Jahrzehnte weitestgehend vom Militär genutzt. Absolutes Sperrgebiet. Als 2012 Wladiwostok Gastgeber des Asiatisch-Pazifischen Wirtschaftsforums war, besann sich die russische Regierung auf die etwas vereinsamte Insel. Zig Milliarden Dollar sollen im Vorfeld

Brücken

- Zwei 2012 eröffnete, beeindruckende Schrägseilbrücken
- Solotoi-Brücke im Stadtzentrum und Russki-Brücke zur Insel Russki

Zielgruppe
Jedermann

Bewertung
★★★

dieser Veranstaltung in die Region investiert worden sein. Die Gipfelgäste werden aus dem Staunen nicht herausgekommen sein, Luxushotels, ein völlig neuer Stadtteil und ein großzügiges Kongresszentrum sind in einer der vielen Buchten entstanden. Das alles in bis dato unberührter Natur. Dazu die beiden gigantischen Brückenbauwerke. Durch die Russki-Brücke ist die Insel nun für jedermann leicht zu erreichen. Das will ich mir heute anschauen und miete auf der Insel ein Fahrrad.

Mittlerweile befindet sich auf dem Tagungsgelände des Wirtschaftsforums der Campus der Fernöstlichen staatlichen Universität DVFU. Hörsäle, Seminargebäude, Wohnheime. Große Glasfronten, urbane Architektur, transparent, großzügig, barrierefrei und top modern. Kaum zu glauben, dass hier vor wenigen Jahren noch alles Wald war. Mit über 23.000 Studenten und Mitarbeitern gehört die Uni zu den größten Hochschulen des Landes. Davon ist heute allerdings nichts zu sehen, ein stilles Biotop, was aber sicher an den Sommerferien liegen wird.

Insel Russki

- Ehemaliges militärisches Sperrgebiet, viel unberührte Natur und Badebuchten
- Im Norden moderner Uni-Campus und eines der weltweit größten Ozeanarien

Zielgruppe
Jedermann

Bewertung
★★★

Rein möchte ich trotzdem einmal, darf ich aber nicht. Wie auch schon an der Universität in Nowosibirsk weißt mich auch hier der Sicherheitsdienst freundlich, aber bestimmt ab. Ohne Studentenausweis kein Zutritt.

Der Blick über die Bucht hinüber zur Russki-Brücke mit ihren über 300 Meter hohen Pfeilern und auf das Festland von Wladiwostok ist einfach unbeschreiblich. Da möchte man sich doch direkt wieder als Student einschreiben und irgendetwas studieren, egal was. Hauptsache ein schöner Ausblick aus dem Hörsaal. Wenn ich schon in die Gebäude nicht hineinkomme, so kann ich mich zumindest auf dem Außengelände frei bewegen. Alles vorhanden für die zukünftige akademische Elite des „Fernen Ostens“: ein Park zum Spazieren, Wasserspiele, gepflasterte Wege, Fußball- und Tennisplätze, Strandpromenade, zwei Fahrradverleihe. Alles großzügig und weitläufig. Und nirgendwo liegt auch nur ein Stäubchen auf dem Boden. Bin ich wirklich noch in Russland?

Nach einer kleinen Aufwärmrunde mit meinem geliehenen Drahtesel über das Campusgelände verlasse ich es durch die bewachte Pforte und folge einer der vermutlich besten Straßen Russlands. Eine makellos asphaltierte vierspurige Schnellstraße. Nach drei

Infrastruktur

Russland eignet sich hervorragend für individuelle Reisen. Bus-, Bahn- und Flugverbindungen führen den Reisenden bis in den letzten Zipfel des Landes. Die Preise sind günstig. Busse und Straßenbahnen in den Städten sind meist recht altersschwach, aber sie fahren. Straßen und Fußwege sind oftmals in einem schlechten Zustand, aber auch daran gewöhnt man sich. Lebensmittelgeschäfte gibt es viele, meist sogar rund um die Uhr geöffnet. Für die Wasserflasche zwischendurch bietet sich einer der unzähligen Kioske am Straßenrand an.

Kilometern zweigt linkerhand eine Straße ab, die zum nächsten Superlativ führt, der seinerzeit den Gipfelgästen präsentiert wurde: das, zum Zeitpunkt seiner Erbauung, weltgrößte Ozeanarium. Für seine 435 Wasserbecken mussten allerdings wieder etliche Festmeter Wald gerodet werden. Der Besucher ist angehalten, sein Fahrzeug am Straßenrand abzustellen. Mit Parkplätzen sieht es recht mau aus, alles parkt im Staub des Randstreifens. Schon 500 Meter vor dem Ozeanarium spannt sich ein Checkpoint über die gesamte Breite der Straße. Für Autos geht es nicht mehr weiter. Auch für Fahrradfahrer nicht, selbst wenn sie ihr Rad schieben wollen, Kind und Kegel müssen die letzten Meter zu Fuß laufen. Ich drehe um, denn hier ist mir einfach zu viel Populärverkehr. Mein Zeitplan sieht außerdem einen Besuch der Anlage nicht vor, schließlich möchte ich die Natur erkunden.

Sehr schnell erkenne ich, dass ich doch noch in Russland bin. Alle anderen Abzweige der Schnellstraße enden unmittelbar und gnadenlos in ausgewaschenen Schotterpisten. Nach zwei weiteren Kilometern auf der Schnellstraße biege ich spontan in eine dieser Schotterpisten ab. Wildes Gestrüpp und die Überreste recht gut erhaltener militärischer Festungsbauten von vor 100 Jahren empfangen mich. Folgt man diesen Trampelpfaden, kommt man irgendwann zu einem der vielen naturbelassenen Strände. Selbst nach russischen Maßstäben sind diese Pisten eigentlich einzig und allein für Offroad-Fahrzeuge geeignet. Und trotzdem eiern dort auch normale Pkw entlang. Direkt vor den Badebuchten parken dann unzählige Fahrzeuge kreuz und quer in der Botanik, mit Sonnenschirm, Liegen und Picknick gehen die Leute zum Strand.

Für mich als Fahrradfahrer sind diese Pisten trotz Mountainbike kein Geschenk. Zumal es auch ordentlich rauf und runter geht. Gute Bremsen sind gefragt und ich bin nicht in jeder Situation davon überzeugt, ebensolche zu haben. Immer wieder stelle ich mein Fahrrad am Wegesrand ab und laufe zu Fuß durchs Dickicht. Militärhistorisch höchst interessant, überwucherte Bunkeranlagen, Schächte, die in die Tiefe führen, alles frei zugänglich, nichts abgesperrt. Mein Entdeckergeist kommt voll auf seine Kosten. Noch mehr beeindrucken mich die Aussichten auf Insel und Pazifik, am Ende eines jeden dieser Wege. Fantastisch.

Nun zurück auf die Schnellstraße: Die makellose Asphaltdecke ist eine Wohltat. Nach fünf Kilometern ist dann aber endgültig Schluss. Nach einer langgezogenen Rechtskurve, weit genug entfernt, dass es von den Gipfelgästen im Kongresszentrum nicht mehr einzusehen war, endet die Straße abrupt mitten im Wald. Rechts geht es weiter, ab jetzt nur noch Schotter, Trichter, Staub. Ich frage mich, warum eine Insel, die zur Erholung erschlossen werden soll, ohne jegliche erwähnenswerte Verkehrsinfrastruktur auskommen muss? Möglicherweise ist das ja Kalkül, sanfter Tourismus quasi. Es kann eben nicht einfach jeder über die Insel fahren und schnell schon gar nicht. Dafür dankbar werden den Verkehrsplanern die Heerscharen an Libellen sein, die auf Russki umherfliegen. Alle Achtung, da sind ganz ordentliche Prachtexemplare dabei.

Blick vom Uni-Campus zur Russki-Brücke

„Sanfter Tourismus" – fast nur Schotterpisten

Verlassenes Kasernengebäude im Süden der Insel

Mit Hilfe meiner groben Orientierungskarte, die ich vom Fahrradverleih bekommen habe, steuere ich nun ein museales Festungsbauwerk der 1930er-Jahre an. Die „Woroschilow-Batterie“ genannte Anlage habe ich bei meinen Reisevorbereitungen in Deutschland bereits über Google Maps entdeckt und wollte es unbedingt in Natura sehen. Hier wurde der russische Außenposten über die Jahrzehnte martialisch gegen die japanischen Aggressoren verteidigt. Ein jedes der sechs Geschützrohre an der Festung ist 51 Tonnen schwer und 15 Meter lang. Bis 1997 war dieser Dinosaurier der Militärtechnik noch einsatzbereit. Neben der Anlage selbst, die von außen wie von innen zu besichtigen ist, zeigt der rührige Museumsinhaber auf einer kleinen asphaltierten Fläche vor dem Museumseingang ein historisches Sammelsurium an russischen Militärfahrzeugen.

Mittlerweile ist es 16 Uhr. Ich orientiere mich kurz auf meiner Karte und entdecke dabei eine gestrichelte Linie durch den Wald mit direkter Verbindung zu einer Bucht. In einer halben Stunde liege ich am Strand, ist zumindest mein Plan. Ich radle also ein ganzes Stück über die Hauptschotterpiste. Dass der Staub der vorbeirumpelnden Autos sich noch nicht unter meinen Kontaktlinsen abgesetzt hat, verwundert mich zunehmend. Gemäß meiner Karte biege ich auf eine Nebenschotterpiste ab. Die Qualität der asphaltierten Schnellstraße bewerte ich mit 100 %, die der Hauptschotterpiste mit 50 %. Die Nebenschotterpiste kommt auf maximal 35 %. Wo kommen nur all diese riesigen Wasserlöcher her? Zumindest fahren hier kaum noch Autos und es staubt nicht mehr. Die schmale Schotterpiste öffnet sich zu einem großen Platz, an dessen Ende stehen Gebäude, davor Zäune und eine Schranke. Ich werde irre, Badebucht ade. Ich stehe vor einer militärischen Anlage, für mich geht es hier nicht weiter. Dies bestätigt mir auch ein Soldat, dem ich vor seinem Lkw meine Karte zeige und mit dem Finger auf die Bucht verweise. Es nützt nichts, ich muss den ganzen Mist über Stock und Stein zurück. Probiere ich halt eine andere Route. Ich merke sehr schnell, dass bei dieser die Qualität bei unter 20 % liegt, also unter normalen Maßstäben unpassierbar. Und trotzdem sind hier Fahrzeuge unterwegs. Wie man allerdings auf die Idee kommen kann, hier mit einem 0815-Straßen-Pkw entlangzufahren, ist mir unbegreiflich. Das dachte sich rückblickend wahrscheinlich auch der Russe, der Zigarette rauchend neben seinem Wagen stand und offensichtlich auf Pannenhilfe wartete. Für Radfahrer sind die die gesamte Straßenbreite einnehmenden Wasserlöcher herausfordernd. Wie tief sind die wohl? Mit Schwung durch oder langsam? Beim ersten fahre ich mit Schwung durch und habe nasse Schuhe. Beim nächsten fahre ich langsam durch und komme nur bis zur Mitte, es ist knöcheltief. Apropos Radfahrer. Den ganzen Tag bisher habe ich weder einen überholt noch wurde ich von einem überholt. Es kommt mir auch kein einziger Radfahrer entgegen. Mit anderen Worten: Außer mir fährt hier kein Mensch Fahrrad.

Für etwas Aufheiterung sorgt eine kleine zerfallene Kaserne. Die weckt direkt meine Neugierde und meine Vorliebe für „Lost Places“, also Fahrrad auf die Seite gelegt und nichts wie rein in die Bude! Ich kann förmlich spüren, wie hier die Rote Armee auf ihrem östlichsten Außenposten stolz die Sowjetunion verteidigte, alle Geschützrohre gen Osten gerichtet, denn Japan ist keine 1.000 Kilometer entfernt. Heute sieht es hier natürlich recht trist aus. Die Natur holt sich alles zurück. Auf dem abplatzenden Putz der Fassade sind noch Losungen in russischer Sprache zu erkennen. Auch wenn ich ihre Bedeutung nicht entschlüsseln kann, machen sie die Szenerie doch lebendig. Die große Wasserlache vor dem Gebäude hindert mich keinesfalls am Betreten. Bis über die Knöchel bin ich sowieso schon nass und schlammig. Herrlich, dieser morbide Charme! Zu schwunghaft darf ich mich allerdings nicht bewegen. In sämtlichen Holzböden und -decken haben Regenwasser und Holzwurm für eine reichlich morsche Statik gesorgt. Hier wird wohl mal der Speisesaal gewesen sein. *Pelmeni* und *Borschtsch,* ich kann es noch riechen. Den kleinen Kronleuchter im Nebenraum würde ich am liebsten abmontieren, aber über den völlig verfaulten Boden ist leider kein rankommen möglich. Ein wirklich originelles Souvenir wäre eine der überall herumliegenden Pelzmützen, aber auch die sehen bereits recht vermodert aus.

Mir sitzt die Zeit im Nacken. 17 Uhr und noch immer kein Strand in Sicht. So habe ich mir das nicht vorgestellt. Ein wenig Zeit für Müßiggang am Strand war fest eingeplant. Auf der 20 %-Nebenschotterpiste weiterfahren macht keinen Sinn mehr, da bin ich bis 21 Uhr nie und nimmer zurück beim Fahrradverleih. Planänderung! Ich fahre jetzt zurück und lege mich an eine der Buchten, die ich heute Vormittag bereits passiert hatte. Ein letzter Blick auf Kommandant Slaso, der auch knapp 100 Jahre nach seiner Schaffenszeit noch immer grimmig von seinem Sockel im Vorgarten herunterschaut. Dann trete ich in die Pedale.

Eine Dreiviertelstunde später erreiche ich wieder die asphaltierte Schnellstraße. Ein Königreich für die russischen Straßenbauingenieure! Eine kleine Irrfahrt meinerseits führt dann aber dazu, dass es zu einer weiteren Verzögerung von einer Dreiviertelstunde kommt, bis ich endlich, endlich einen Strand erreiche. Statt in der Bucht Okolo, lande ich in der Nachbarbucht Karpinskogo. Was solls, es ist nun 18:30 Uhr und ich habe es endlich geschafft. Das Einzige, was jetzt noch ansteht, ist ein Bad im Pazifik. Frisches, klares Wasser. Rein in die Badehose und

Der Badetag in einer der herrlichen Buchten will verdient werden. Zufahrt nur über unwegsame Schotterpisten

den ganzen Staub loswerden, ist das eine Wohltat! Pause für Mensch und Material. Ein paar kräftige Schwimmzüge, dann einfach etwas im Meer treiben lassen. Mein kleines Handtuch macht das Sitzen auf dem groben Steinstrand nur unwesentlich bequemer. Aber das ist egal. Beim Blick über den Rand der Bucht auf das japanische Meer wird mir bewusst, wie weit weg ich von der Heimat bin. Im Zeitraffer spielt sich gerade noch einmal die ganze Reise der letzten drei Wochen ab. Ich genieße die Atmosphäre in vollen Zügen. Neben mir nimmt ein Badegast gerade einen Fisch aus: Die Filets landen auf dem Grill, die Innereien im Wasser. Ich muss schmunzeln, denn direkt daneben habe ich gerade meine Schuhe und Socken ausgewaschen, bevor ich sie zum Trocknen auf die Fahrradspeichen gelegt habe. Eine halbe Stunde sinniere ich so vor mich hin, was mich mental sehr erfrischt. Körperlich könnte ich jetzt gut und gerne auf die letzte Etappe zurück zum Fahrradverleih verzichten. Ein Glück weiß mein Bewegungsapparat nicht, dass die Holperpiste vom Strand zur Schnellstraße zwei Kilometer mit Qualitätsstufe 20 % bergauf führt.

Gegen 20 Uhr geht das Fahrrad zurück an die Verleihstation. Auch wenn ich das Bike anfangs wegen seiner partiell abgefahrenen Reifen gar nicht haben wollte, so hat es mir doch klaglos und zuverlässig seine Dienste geleistet. Die Jungs von der Verleihstation werden wohl noch eine Nachtschicht einlegen müssen, falls der Drahtesel direkt für morgen früh schon wieder vermietet ist. Staub und getrockneter Schlamm stecken in jedem Ritzel und Kettenglied. Man nimmt mir das Gefährt aber anstandslos ab. Beim Warten auf den Bus zeigt sich der Himmel in einer herrlichen Farbenpracht Ein letzter Abschiedsgruß im Abendrot von der Insel Russki.

Heute hatte ich mal vor, früh ins Bett zu gehen, aber daraus wird nichts. Wann immer ich auf meiner Reise dachte, ich würde zeitig ins Bett kommen, habe ich noch jemanden getroffen. So auch heute. Diesmal ist es im Hostel Viktor aus Litauen, neben mir der einzige Europäer unter lauter Koreanern. Wir kommen im Aufenthaltsraum, bei russischer Schokolade und Tee, ins Gespräch. Er ist ein Abenteurer, der auch Russland für sich entdeckt hat. Seine fließenden Russischkenntnisse, die er als Litauer seit frühester Kindheit hat, sind dabei ein großer Vorteil. Ich berichte von meinen heutigen Erlebnissen auf Russki, er schwärmt mir von noch viel abenteuerlicheren Regionen weiter im Nordosten Russlands vor. Inspiration für die nächsten Reisen.

Erkenntnis des Tages

Wenn Schuhe nass sind, sind sie nass.

TAG 22 ДЕНЬ

Moskau Москвá — **Jekaterinburg** Екатеринбýрг — **Nowosibirsk** Новосибирск — **Irkutsk** Иркýтск — **Wladiwostok** Владивостóк

Heute Fußball

Das Highlight des Tages, worauf ich mich schon die letzten zwei Tage hier in Wladiwostok freue, steht heute Abend an. Ein Besuch im Dynamo-Stadion zum Fußballspiel der 2. Russischen Liga zwischen dem FK Lutsch-Energija Wladiwostok und FK Krasnodar II. Das Plakat mit der Spielankündigung habe ich vor zwei Tagen bereits bei einem Spaziergang am Stadion vorbei wohlwollend registriert. Derartige Populärereignisse vermitteln, aus meiner Sicht, einen authentischen Eindruck der Menschen einer Stadt, wie es kein Museumsbesuch oder keine Stadtrundfahrt vermitteln kann.

Bis zum Anpfiff ist aber noch etwas Zeit, die ich mit einem weiteren Spaziergang durch die Stadt verbringe. Mein Ziel, für den morgigen Acht-Stunden-Rückflug nach Moskau möglichst müde zu sein, ist eigentlich heute schon erreicht. Aber es gibt noch so viele interessante Dinge zu sehen. Zum Beispiel Lenin! Da ich das natürlich auch in Wladiwostok real existierende Lenindenkmal nicht auf Zelluloid gebannt habe, möchte ich euch zumindest eines der unzähligen Zitate des großen Visionärs nicht vorenthalten. „Die Lehre von Marx ist allmächtig, weil sie wahr ist." Die Losung schmückt prominent den Eingangsbereich eines ehemaligen Universitätsgebäudes, wenige Minuten vom Hostel entfernt in zentraler Innenstadtlage. Über diese drei Stufen und durch diese drei Türen ging über Jahrzehnte der akademische Nachwuchs zu Seminaren und Vorlesungen, dass sie dies auch mit der richtigen Einstellung taten, hat die Universitätsleitung nicht dem Zufall überlassen. Heute stehen die meisten innerstädtischen Universitätsgebäude leer, die Studenten residieren ja nun im topmodernen Campus auf der Insel Russki. Ob dort noch immer Lenins Weltanschauung gelehrt wird, kann ich nicht zuverlässig beurteilen.

Was von Lenins Weltanschauung auf jeden Fall noch nachwirkt, ist die antireligiöse Politik der Sowjetunion. Obgleich es natürlich auch hier einige schöne Kirchen gibt, habe ich, im Vergleich zu allen anderen russischen Städten auf meiner Reise, in Wladiwostok die wenigsten Gotteshäuser gesehen. Selbst Nowosibirsk war diesbezüglich besser ausgestattet. Ein Stück den steilen Okeanski Prospekt hinauf liegt an einer Kreuzung die 2007 wiedererbaute Pokrowskij-Kathedrale, das wohl wichtigste Gebäude der hiesigen Gemeinde. Von der Sowjetzeit hat das Vorgängergebäude nicht viel mitbekommen, es wurde bereits in den 1930er-Jahren gesprengt. Stattdessen wurde das Gelände mit samt dem angrenzenden Friedhof zu einem Stadt-

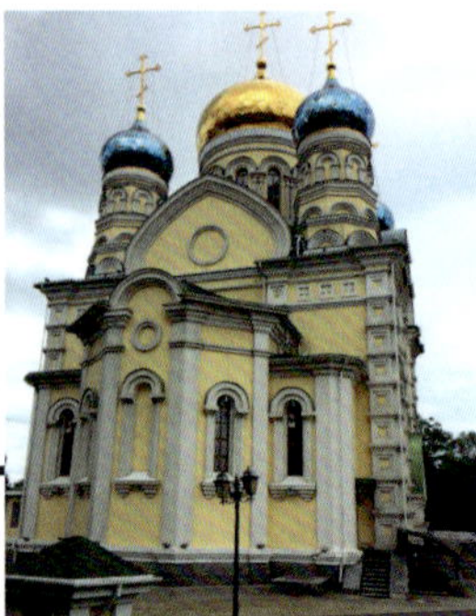

Pokrowskij-Kathedrale

- 2007 wiedererbaut nach Abriss in den 1930er-Jahren
- Der Park war in früheren Jahren ein Friedhof

Zielgruppe
Jedermann

Bewertung
★★☆

park für die erholungsuchende Bevölkerung umgestaltet. Im kleinen Park, dem man seine Vergangenheit als Friedhof an einigen Stellen noch ansieht, lässt es sich nett schlendern, wenn auch mit dem Verkehrsgetöse der umschließenden Hauptstraßen im Ohr.

Vielleicht wird der Pokrowskij-Kathedrale bald von einem weiteren Neubau der Rang streitig gemacht. Am anderen Ende des Okeanski Prospekt, unten am Hafen, ist der 2011 begonnene Rohbau der Spaso-Preobraschenski-Kathedrale fast fertig. Die güldene Kuppel liegt jedenfalls auch schon parat auf der Seite. Es gibt bestimmt eine ordentliche Party, wenn sie demnächst aufs Türmchen gehoben wird.

Hinter dem Pokrowskij-Park spaziere ich durch ein Wohngebiet, überquere die Hauptstraße Partizanskij Prospekt und schlage mich wieder in die Seitengassen. Wahnsinn, geht das hier steil nach oben. Ich denke an die Leute,

Neubau der Spaso-Preobraschenski-Kathedrale unten am Hafen

die hier in den großen Wohnblöcken wohnen und jeden Tag ihre Einkaufstüten und Kinderwägen hochwuchten müssen, die haben immer ein schönes Workout zum Feierabend. Wenn man Glück mit der Lage der Wohnung hat, kann man bei der dann nötigen Verschnaufpause einen prima Ausblick über die Stadt bis zum Meer genießen. Aber ich bin noch nicht auf der Kuppe des Hügels. Hierfür muss ich hinter dem Schulgebäude „Gymnasium Nr. 1" in die Nerchinskaja Uliza abbiegen und noch einmal ordentlich bergauf stiefeln. Der Name des Hügels ist Programm: „Adlernest". Diese 199 Meter hohe Erhebung ist einer der besten Aussichtspunkte Wladiwostoks, allerdings nur zu Fuß zu erreichen. Bis zur halben Höhe fährt die Standseilbahn, aber bis hier ganz oben verirrt sich kaum jemand. Ein schönes Panorama in alle Richtungen der Stadt. Kaum zu glauben, dass hier nur 600.000 Menschen leben sollen.

Der Abstieg auf der anderen Seite des Hügels führt mich am kleinen Buddhistischen Zentrum Wladiwostoks vorbei. Auf einem 900 qm großen Grundstück wird hier

Aussichtspunkt Adlernest

- 199 Meter hoher Hügel in der Stadt, Kuppe nur zu Fuß erreichbar

Zielgruppe
Jedermann mit Kondition

Bewertung
★★★

seit 1996 meditiert. Das Gelände wurde seinerzeit im Tausch gegen zwei Appartements erworben, mit seiner Lage am Südhang des Adlernestes wirklich kein schlechter Deal. Direkt daneben geht es über einen Trampelpfad weiter den Berg hinunter. Hier sieht es ein bisschen nach Abenteuerspielplatz aus, vermutlich werden in diesen rostigen Wellblechhütten aber Menschen wohnen. Wie machen die das nur im Winter, wenn es richtig kalt wird?

Auf halber Höhe des Abstiegs erreiche ich die Bergstation der Standseilbahn, die hier seit 55 Jahren ihren Dienst verrichtet. Vor zwei Tagen bin ich ja mit Sascha nebenan bei Dunkelheit die Treppenstufen hoch, jetzt geht es mit dem historischen Gefährt runter. Die Strecke ist keine 200 Meter lang und die Fahrt im Nu zu Ende, dafür ist die „Funikulär" genannte Bahn ein Unikat in ganz Russland. Die asiatischen Fahrgäste haben am Ende der kurzen Fahrt nicht verstanden, dass sie nun aussteigen müssen.

In den Reiseführern über Wladiwostok ist stets zu lesen, dass sich kaum Touristen in die Stadt verirren. Und wenn, dann kommen nur ein paar mit der

Standseilbahn

- Toller Blick über die Bucht „Goldenes Horn" von einem Aussichtspunkt unweit der Bergstation
- Strecke ist kurze, aber steile 200 Meter lang

Zielgruppe
Jedermann

Bewertung
★★☆

Transsibirischen Eisenbahn. Diese Einschätzung kann ich nicht teilen. Die Stadt ist voll mit asiatischen Touristen und die kommen ganz sicher mit Flugzeugen und Reisebussen.

Ich besuche nach meinem Abstieg vom „Adlernest“ das Museum der Pazifikflotte. Ein Stück zu Fuß vom Funikulär entfernt, direkt an der Hauptstraße Svetlanskaja. Die wenigen Besucher schreiten andachtsvoll über die knarrenden Holzdielen. Ein Sammelsurium an Glasvitrinen mit Schiffsmodellen, Kartenmaterial, Munitionsteilen, Ausrüstungsgegenständen, Schautafeln aller Art und unzähligen Flaggen und Fahnen mit Hammer, Sichel und dem roten Stern. Der Stolz der Sowjetära weht durch die Räumlichkeiten. Und tatsächlich können die Russen stolz darauf sein, wie sie hier im „Fernen Osten“, 9.000 Kilometer von Moskau entfernt, seit 150 Jahren die Stellung halten. Für mich eine sehr inspirierende Atmosphäre, auch wenn mir die schriftlichen Erläuterungen kaum weiterhelfen, da alles ausschließlich auf Russisch ist. Bei meinem Lieblingsexponat gibt es allerdings keine Schwierigkeiten beim Verständnis: Ein kleiner Wimpel mit den Flaggen der Sowjetunion und DDR sowie der Losung in deutscher Sprache „Für Deutsch-Sowjetische Freundschaft“. Vor dem gut 100 Jahre alten Museumsgebäude sind auf einer Freifläche noch diverse militärhistorische Exponate, wie Panzer, Mörser und ein U-Boot zu bestaunen.

Nun aber nicht weiter herumtrödeln, schließlich geht es gleich noch zum Fußball. Auf dem Weg dorthin stolpere ich über einen Wochenmarkt auf dem zentralen Platz

Viele asiatische Touristen haben in den letzten Jahren Wladiwostok für sich entdeckt

Das Plakat am Dynamo-Stadion weist doch ganz klar darauf hin: Anpfiff 15 Uhr

Zentralplatz

- Beeindruckender, großer Platz am Ende des Okeanski Prospekt
- Blick in den Hafen und zur neu gebauten Spaso-Preobraschenski-Kathedrale

Zielgruppe
Jedermann

Bewertung
★★★

gegenüber vom Hafen. Hier ist echt viel los. Unter die Einheimischen mischen sich einige Touristen, die die angebotenen Waren inspizieren: Obst, Gemüse, Fleisch und Honig. Ohne Ende Honig! Zum Glück ist der ja von Haus aus desinfizierend, denn er wird munter abgefüllt in alle möglichen Sorten von Plastikflaschen und andere Plastikbehältnisse, die gerade in Reichweite sind.

Vor dem Fußballspiel muss ich auf jeden Fall noch etwas essen, ich merke sehr deutlich den Hungerast. Ich entdecke einen kleinen Stand mit Wurst am Spieß, Bratkartoffeln, Zwiebel, Schnittlauch und Dill. Hinten werden die Kartoffeln geschält, vorne werden sie köstlich zubereitet. Ein kulinarischer Wahnsinn, alles vom Feinsten.

Nun bin ich bereit. Auf dem Weg zum Dynamo-Stadion kommen mir immer mehr Fans entgegen … Entgegen? Vor dem Stadion selbst ein Getümmel, als wäre das Spiel gerade vorbei. Ich werde unruhig, das Fußballspiel ist für mich das Highlight des Tages, Wladiwostoks, der ganzen Reise. Oh nein, die Kassenhäuschen sind alle geschlossen. Ich bin starr vor Entsetzen, Blutdruck und Atemfrequenz schießen durch die Decke, ebenso der Adrenalinspiegel. In meinem Inneren explodiert ein imaginärer Vulkankegel, Gestein, Lava, Asche fliegen umher. Es ist eine enorme Herausforderung, nach außen die Contenance zu bewahren, um nicht als Wahnsinniger in die fernöstliche Irrenanstalt eingeliefert zu werden. Alles Toben ist umsonst. Aus, vorbei, das Spiel wurde vor 15 Minuten abgepfiffen. Ich habe mich einfach nicht ausreichend informiert. Hätte ich dies getan, wüsste ich, dass das Spiel heute am Samstag um 15 Uhr und nicht erst um 18 Uhr stattfand, so wie das Spiel vor vier Tagen am Mittwoch. Das ist doch in Deutschland genauso. Nun stehe ich um 17 Uhr vor dem sich leerenden Stadion, ein wirkliches Drama. Vor drei Wochen nicht ins Spartak-Stadion in Moskau reingekommen, weil ausverkauft. Heute nicht ins Dynamo-Stadion in Wladiwostok reingekommen, weil zu doof. So schließt sich der Kreis.

Ich würde am liebsten sofort mit dem nächsten Flieger nach Hause fliegen. Ich bin so sauer auf mich. Aber jetzt einen Flug zu buchen ist nicht wirklich praktikabel, also muss eine andere Selbstgeißelung her. Statt gemütlich im Stadion zu sitzen, erlege ich mir eine weitere Wanderung über die Hügel Wladiwostoks auf. Das wird mich lehren, noch einmal so unzureichende Informationen einzuholen. Na gut, ein Stück geht es mit dem Bus. Aber dann bestimmt noch 20 Minuten zu Fuß zum Leuchtturm „Tokarewskaja Koschka" an der südlichen Spitze der Stadt.

Die meisten Besucher fahren natürlich mit dem Auto hin, sie haben ja auch keinen Bockmist gebaut. Es ist ganz schön was los

Leuchtturm Tokarewskaja Koschka

- Einer der ältesten Leuchttürme im Fernen Osten (1876)
- Beliebtes Ausflugziel mit Badestrand und Gastronomie in der Nähe

Zielgruppe
Jedermann

Bewertung
★★☆

hier. Auf einem schmalen, aufgeschütteten Damm teilen sich Restaurants, Imbissbuden und unzählige parkende Fahrzeuge den Platz. Einige ganz Hartgesottene steuern ihren bemitleidenswerten Pkw über eine abenteuerlich schmale Stein- und Schotterpiste bis zum Plateau am Fuße des großen Strommasten, der die gegenüberliegende Insel Russki mit Energie versorgt. Die letzten Meter bis zum Leuchtturm, der, aus dem Jahr 1876, zu den ältesten seiner Art im „Fernen Osten“ zählt, sind dann nur noch zu Fuß zu bewältigen. Das letzte Mal am Meer ist trotz der Umstände schön, nun geht es aber zurück ins Hostel.

Erkenntnis des Tages

Wer lesen kann, ist klar im Vorteil.

TAG 23 ДЕНЬ

Moskau
Москвá

Jekaterinburg
Екатеринбýрг

Nowosibirsk
Новосибирск

Irkutsk
Иркýтск

Wladiwostok
Владивостóк

Abschied von Russland

Auch am heutigen Abreisetag klappt wieder alles wie am Schnürchen. Der Wecker geht um kurz vor 5 Uhr morgens, draußen ist es noch dunkel, drinnen schlafen alle noch. Ich verstaue möglichst geräuschlos meine letzten Klamotten im bereits gestern Abend gepackten Rucksack und schleiche mich aus dem Zimmer. Das Taxi, welches Viktor für mich vor zwei Tagen im Voraus bestellt hat, ist pünktlich um 5:20 Uhr vor dem Hostel. Gut, dass Viktor fließend Russisch spricht, so konnte er das Taxi als „Einheimischer" bestellen. Hätte ich das gleiche Taxi über die Rezeption des Hostels bestellt, wäre der Preis doppelt so hoch gewesen. Ich sitze vorne, links neben dem Fahrer, das Taxi ist, wie die meisten Autos in Wladiwostok, als japanisches Modell ein Rechtslenker. Die einstündige Fahrt über ensteht ein lebhaftes Gespräch mit dem jungen Fahrer über Politik, Wirtschaft und Boulevard. Die frühe Uhrzeit hat offensichtlich keinen negativen Einfluss auf meine Fähigkeiten, in einer fremden Sprache zu sprechen. Kurz nach 6 Uhr erreichen wir den Flughafen, ein modernes, hübsch illuminiertes Gebäude. Zwei Stunden später hebt der Flieger ab, auf Wiedersehen „Ferner Osten"!

Die *Aeroflot* tut alles, um ihren Fluggästen die acht Stunden Flug bis Moskau so kurzweilig wie möglich zu gestalten. Volle Multimedia-Ausstattung an jedem Platz. Zwei Filme, zwei Mahlzeiten und ein Nickerchen später setzt der Kosmonaut, so hat die Stewardess den Piloten in der Übersetzung genannt, zur Landung in Moskau an. Während des Fluges habe ich meinen Platz nicht einmal verlassen, die Zeit verging sprichwörtlich wie im Fluge. In Moskau angekommen, komme ich mir beim Blick auf die Uhr wie ein Zeitreisender vor. Alles zurück auf heute Morgen, die Uhr wird sieben Stunden zurückgedreht. Ich werde wohl gleich noch einmal frühstücken, obwohl das Mittagessen erst zwei Stunden her ist. Die vier Stunden Wartezeit auf den Weiterflug nach Düsseldorf döse ich größtenteils, dann geht es nochmal drei Stunden in den Flieger, die Uhr wird eine weitere Stunde zurückgestellt, und schließlich, gegen 20 Uhr, schließe ich in Köln die Tür zu meiner Wohnung auf.

Zeitzonen

Russland ist das größte Flächenland der Erde und beinahe doppelt so groß wie das zweitgrößte Flächenland Kanada. Russland erstreckt sich über 11 Zeitzonen. Von Kaliningrad ganz im Westen an der Ostsee gelegen, bis nach Tschukotka ganz im Osten an der Beringsee.

Erkenntnis des Tages

Zwei Stunden nach dem Mittagessen kann ein Frühstück sehr köstlich sein.

Epilog

Viele meiner Freunde, Arbeitskollegen und Familienmitglieder haben mich für verrückt gehalten, allein durch Russland zu reisen, 3. Klasse mit der Transsib. Aber warum?

Weil es Zugfahrten und Städte in Russland sind. Ich sag euch was: alles absolut easy. Aus meiner Sicht gibt es nur einen Punkt der notwendig ist und einen weiteren Punkt der hilfreich ist, um eine individuelle Reise wie diese zu unternehmen. Der hilfreiche Punkt ist es, solide Grundkenntnisse einer Sprache zu haben, die von der Mehrheit der im zu bereisenden Land lebenden Bevölkerung verstanden wird. Dabei ist es völlig egal, ob man sich mit vielen Fehlern etwas zurechtstammelt. Völlig egal, ob man Grammatik und Vokabeln falsch verwendet, die Menschen werden euch verstehen. Sie werden euch verstehen wollen, einfach nur, weil ihr ein paar Worte ihrer Sprache benutzt. Dieser hilfreiche Punkt geht fließend in den notwendigen Punkt über. Der wirklich notwendige Punkt ist Leidenschaft. Leidenschaft für das zu bereisende Land, Leidenschaft für seine Bewohner, Leidenschaft für seine Kultur und seine Sprache und Leidenschaft für seine Macken. Das ist es, was wirklich zählt. Mir gab die daraus entste-

Sicherheit

Ich habe mich im ganzen Land zu jeder Zeit sicher gefühlt. Auf Flughäfen, Bahnhöfen, in der Transsib, in öffentlichen Verkehrsmitteln, in Hostels, nachts in den Städten. Sicherheitspersonal ist oft zu sehen, besonders in Moskau.

hende Energie genug Kraft und Motivation, in jeder Sekunde der vergangenen drei Wochen für Erlebnisse und Gespräche nicht nur bereit zu sein, sondern diese auch zu suchen. Sie ließ mich gemeinsam mit 50 Menschen in Zugabteilen übernachten und unzählige Kilometer durch Städte und Natur wandern. Und sie gab mir eine Ausstrahlung, die mir unzählige Herzen öffnete.

Die Städte, die ich bereist habe, sind ausnahmslos modern. Dass im Detail nicht alles so geleckt und akkurat wie in Deutschland ist, unterscheidet Russland nicht viel von Frankreich oder Spanien. Vergesst die Vorstellung vom alten, schwarz-weißen Sozialismus. Diese Zeiten sind lange vorbei. Bus-, Bahn-, Flugverbindungen – alles funktioniert. Die Natur ist großartig, atemberaubend und in großen Teilen weitgehend unberührt. Die Russen sind sehr stolz auf ihr Land, das bemerkt man jeden Augenblick und sieht man an den vielen Leuten die mit „Russia" T-Shirts herumlaufen. Und sie sind in der Mehrheit freundliche, herzliche und wissbegierige Menschen. Ich als Ausländer habe mich zwar manchmal als Sensation, aber stets sehr willkommen und geschätzt gefühlt. Ich bin niemals auf Ablehnung gestoßen.

Das faszinierende in diesen drei Wochen waren die vielen so unterschiedlichen Orte, die ich bereist habe, das war wie zehn kleine Urlaube in einem. Natürlich hieß dies auch zehn Mal Abschied nehmen, ohne Wissen auf Wiederkehr. Das wirklich fantastische waren allerdings die vielen Menschen, die ich getroffen habe. Die Zeit, in der sich mein Lebensweg für nur 20 Minuten oder für mehrere Tage mit dem Lebensweg eines Einheimischen gekreuzt hat.

Vielen Dank, ihr bleibt alle in meinem Herzen. Artjom, dich bei deinem Autokauf in Moskau zu begleiten, war ein wirkliches Highlight meiner Reise. Marc, unsere Erlebnisse beim Spaziergang durch Moskau bekommt man in keinem Reiseführer. Alexej, mit dir auf meiner ersten Fahrt in der Transsib Freundschaft zu schließen, war mir eine große Ehre. Nastia, Sveta und Vasili, vielen Dank, dass ihr mir das Kartenspiel *Durak* im Hostel in Jekaterinburg beigebracht habt. Sascha, wir haben uns nach 20 Jahren wiedergesehen und die Grenze zwischen Asien und Europa besucht. Wladimir, ohne deine Erklärungen im Wald hätte ich nie und nimmer die Bedeutung der Zarengräber verstanden. Oleg, der Fischkuchen deiner Frau nachts um 2 Uhr in Tjumen war mit Abstand das leckerste Essen auf den gesamten 9.288 Kilometern der Transsib. Shenja, Weltklasse, wie du die ungeschälten Sonnenblumenkerne weggefuttert hast. Kolja, Roman und Dima, unser gemeinsamer Tag im Restaurant der Transsib bleibt unvergessen. Vlad, danke für den beeindruckenden Ausblick aus dem letzten Waggon des Zuges auf die Brücke über den Amur. Sascha, unser gemeinsames Abendessen in der Transsib und der Streifzug durch deine Heimatstadt Wladiwostok waren großartig. Viktor, angenehme Gespräche abends im Hostel von Wladiwostok und ein organisiertes Taxi zum Flughafen, top!

С-56

Wir freuen uns über Kritik, Kommentare und Verbesserungsvorschläge, gern auch per E-Mail an info@reise-know-how.de.

Alle Informationen in diesem Buch sind vom Autor mit größter Sorgfalt gesammelt und vom Lektorat des Verlages gewissenhaft bearbeitet und überprüft worden.

Da inhaltliche und sachliche Fehler nicht ausgeschlossen werden können, erklärt der Verlag, dass alle Angaben im Sinne der Produkthaftung ohne Garantie erfolgen und dass Verlag wie Autor keinerlei Verantwortung und Haftung für inhaltliche und sachliche Fehler übernehmen.

Die Nennung von Firmen und ihren Produkten und ihre Reihenfolge sind als Beispiel ohne Wertung gegenüber anderen anzusehen. Qualitäts- und Quantitätsangaben sind rein subjektive Einschätzungen des Autors und dienen keinesfalls der Bewerbung von Firmen oder Produkten.

Dies ist ein subjektiver Reisebericht, wie er den persönlichen Erinnerungen, Aufzeichnungen und Empfindungen des Autors entspricht. Einige Namen wurden zum Schutz der Privatsphäre der entsprechenden Personen geändert.